U0822765

文史哲素养提升系列丛书

中国哲学史题解

张笛……主编

第二版

中国传媒大學出版社·北京·

修订说明

本次修订一是将近年来有代表性的真题融入知识点之中，题干、答案准确，避免读者被网络上各种题干和解答所误导；二是标注复习重点，使读者更有针对性地进行掌握；三是增加题目讲解，新增考试技巧；四是部分章节增加思维导图，方便读者理清知识脉络。另外，该套丛书配备了电子题库，其中内容不定期更新，读者可根据需要进行练习。

编　者

2025 年 1 月

前　言

本套丛书适合戏剧影视导演、戏剧影视美术设计、播音与主持艺术、表演、摄影、电影学、文化创意与策划、影视摄影与制作、录音艺术、艺术与科技、漫画、动画、新媒体艺术、数字媒体艺术、音乐学、音乐表演、作曲与作曲技术理论、视觉传达设计等专业的学生作为参考用书，也特别适合希望在短时间内提升文史哲素养的读者阅读。

中国哲学史知识点繁多、考查范围广泛，学习有一定难度。为有效解决这一难题，方便读者全面掌握要点，本书将中国哲学史参考书的知识汇成一册，重点标记，清晰明了，有助于读者高效消化吸收知识点。具体而言，本书分为以下三个模块：

一、考点归纳模块——系统全面，权威专业

本书所讲知识系统有序、编排科学、简洁明了，方便读者依据自身情况查漏补缺。另外，本书精选了各大高校近年来中国哲学史考试常考考点，使读者能够知晓高频考点，从而使识记更有针对性。

二、课后习题模块——解答详细，条理清晰

本书对《中国哲学史通识读本》的课后习题进行了详细的解答，同时帮助读者进一步掌握相关知识点，了解其背后的意义和联系。

三、典型习题模块——实用性强，学以致用

典型习题模块使读者在识记知识点的同时能够趁热打铁，实现有效自测。值得一提的是，本书中的各类素材还能提升学生的基本素养和知识积累，对掌握其他专业知识也有一定的帮助。

由于组织策划的局限和时间仓促,加之编者水平有限,书中难免有疏漏之处,敬请广大读者批评指正,并提出宝贵意见。

编　者

2025 年 1 月

目录

第三编　宋至清代的哲学

导 言

“哲学”是一个译名，其西文原字出于古希腊，本是“爱智”的意思。中国古代没有“哲学”一词，但汉语“哲”字，却早在周代的钟鼎铭文中即已出现。

按照马克思主义哲学的看法，哲学是关于世界观的学问，是人类对自然、社会、人生和思维一般规律的认识，或简要地概括为“哲学就是认识论”。

中国哲学史是中华民族的认识史，它以逻辑的形式记录了中华民族认识世界的经历，集中体现了中华民族的理论思维能力和哲学智慧。

一

先秦哲学是中国哲学发生发展的第一个重要阶段，我们可以把先秦哲学的发生、发展和演变分为三个阶段：萌芽期、酝酿期、产生与繁荣期。

1. 萌芽期

中国早期原始宗教中的自然神崇拜和灵魂不灭等观念，即最原始的哲学唯心论的萌芽。当历史进入奴隶制社会，原始宗教的多神崇拜逐渐发展为一神崇拜，原始宗教观念由自发阶段转入自为阶段，从而获得了社会属性。西周初期，中国哲学萌芽具备了一定的抽象性，同时也具有一定的哲学概念和范畴的萌芽性质。

2. 酝酿期

公元前770年至公元前476年近三百年的思想发展为中国哲学历史发展中的第一阶段。其内容和特点表现在四个方面。(1)由宗教神学的天道观向自然天道观的转变。如出现了“天道”与“天命”相分离的思维意识。(2)对早期阴阳五行观念的发展。如“阴阳”观念、“五行”说的产生。(3)对人神关系的新界说。如对人神关系的讨论。(4)道德规范新探索。如在伦理观和行为规范方面有新的建树,为稍后儒家道德哲学的确立和发展准备了条件。

3. 产生与繁荣期

当历史进入春秋末期,中国产生了两位重要的历史人物:老子和孔子。《道德经》和《论语》这两部重要文献的出现,不仅成为中国哲学正式产生的主要标志,而且为中国古代哲学思想的发展开辟了一个新的时代。在孔子和老子的影响下,从春秋末期至战国末期约三百余年的大变革时代,先后出现了诸子百家之学。各家以自己的哲学思考为理论前提,发挥各自的专长,建立起自己的思想体系,呈现出哲学思想百花齐放、百家争鸣的繁荣景象,形成了多元思想碰撞、交流、互动和融合的哲学思想的大潮。

二

从秦统一中国,到北宋王朝的建立,其间经历了大约 1200 年,这是中国封建社会发展的初始阶段。这一时期的哲学在不同哲学体系及观念之间的矛盾运动中和相互融通中艰难而曲折地向前发展。

1. 秦汉哲学

(1)秦朝

公元前 221 年,秦王朝统一全国,建立起高度集权的大一统国家。与此相适应,在思想文化方面,秦王朝选择了法家思想为其指导思想,这标志着战国时期哲学思想的多元交集和百家争鸣的局面结束,代以单一的法家思想为国家的意识形态。

(2)西汉

西汉政权建立后,吸取秦亡教训,先以黄老道家为其指导思想,采取所谓清静无为的治世之策,以与汉初恢复社会生产和与民休息的国家需求相适应。

汉武帝时期,随着生产力的发展和中央集权制的强化,再加上北方匈奴对中原的侵扰,各种社会矛盾逐渐积累和加剧。要解决这些问题,主张清静无为的黄老之学在思想理论上的指导能力明显不足,促使汉武帝采纳了董仲舒“罢黜百家,独尊儒术”的文化政策。这一改变,从总体上推动了汉代思想学术的大转型，出现了以董仲舒为代表，以阴阳五行为框架，以“天人感应”为核心的新儒家哲学体系。

2. 魏晋南北朝时期的哲学

这一时期，从曹丕称帝起，一直到隋重新统一中国，前后历时 369 年。就哲学思想的发展来说，369 年又可分为两个阶段：200 年为魏晋时期，其哲学思想主要以魏晋玄学为代表；后 169 年为南北朝时期，其哲学主要表现为儒、玄、佛、道等多元思想的相互冲突、排斥、渗透和吸收，最后趋于融合。

第一阶段：魏晋玄学

魏晋玄学作为魏晋南北朝时期的哲学，其主要代表人物和派别及其发展演变大致经历了四个阶段。

一是以何晏、王弼为代表的“正始玄学”阶段，也是玄学的开创期。

二是以“竹林七贤”中的阮籍、嵇康为代表的“竹林玄学”阶段。

三是“元康玄学”（西晋惠帝元康年间产生的玄学思想），代表人物是裴頠和郭象。

四是玄学即将走向终结的阶段，一般称为“东晋玄学”，代表人物是张湛。

魏晋玄学作为魏晋南北朝时期中国哲学的主要表现形式，在中国哲学史上占有重要地位。第一，它突破了西汉时期天人感应神学目的论和谶纬神学的束缚，以老庄道家哲学为核心，建构出相对完整、系统的宇宙本体论思想和“言不尽意”的形上学。第二，魏晋玄学的基本特征是“合儒道为一”，由此开创了中国哲学史“儒道互补”的新格局。第三，魏晋玄学综合融通儒道，提出了“有无”“体用”“动静”“言意”“性情”“独化”“以无为本”“崇本息末”“守母存子”“言不尽意”“声无哀乐”“名教本于自然”等一系列哲学范畴、命题乃至方法，极大地拓展了中国哲学的逻辑视野，为中国哲学后期发展（主要是宋明理学）开辟了道路。第四，魏晋玄学的产生和发展，为吸收和消化佛教哲学及促进儒、释、道三家的思想融合提供了理论基础和发展动力。

第二阶段：东晋南北朝的佛教和道教哲学

（1）佛教

佛教起源于印度，两汉之际传入中国后，通过译经和“格义”“连类”等“嫁接”方法，至东晋南北朝时期始得到广泛传播和迅猛发展。

早在汉魏之际，随着佛教传播的深入，佛教经典的翻译也逐渐增多，佛教小乘和大乘两个系统均传入中国。玄学的盛行，对佛教思想产生重大影响。从东晋后期一直到南北朝，中国哲学的发展和知识分子的关注，逐渐由玄学转向佛学，出现了支遁、道安、慧远、僧肇、道生等著名佛教学者。

(2)道教

中国的道教，源于古代巫术。秦汉时期，以神仙方术与黄老道家思想相融合，主要从老庄道家中汲取了养生、重生思想和"道"的概念，推衍出一套具有中国本土特点的宗教理论。

3. 隋唐哲学

唐代是中国历史上社会发展水平较高的时期。唐代的思想文化及其哲学的发展最明显的特点是"三教鼎立"，即儒释道三教并行。但实际上三教势力也并非完全对等，其中佛教影响最大，道教和道家次之，而儒家影响最小。

(1)唐代的佛教哲学

唐代佛教各宗派的形成，推动了佛教内部宗教理论的深化，出现了一大批既精通中国传统哲学，又能熟练地把握和运用佛教思维方式的中国本土佛教理论大家。如确立了天台宗基本教义的该宗第四祖(也是天台宗的实际创立者)智顗，他强调"一切诸法，皆由心生"和"一心三观""三谛圆融"的佛教哲学命题及"性恶"说、"止观"说等，突出了天台宗佛教哲学注重"心性"、强调"反观"的思想特点，对其他佛教宗派都有重要影响。

(2)唐代的道教哲学

唐代的道教同佛教一样，也得到长足的发展，出现了一大批道教思想家，如成玄英、李荣、杜光庭、王玄览、李约、陆希声、司马承祯、李筌、陈抟等。他们通过对先秦道家原典的注疏和解释，完成了世俗道家哲学向道教哲学的转化，系统地构建了庞杂的道教哲学体系，使道教在唐代得到了全面发展，进入了中国道教史上的鼎盛时期。

(3)唐代的儒家哲学

安史之乱后，唐代思想文化及其哲学的发展出现了新的形势，即以韩愈、柳宗元、刘禹锡、李翱等人为代表，在此前兴起的"古文运动"的基础上，根据"安史之乱"以后的社会政治、经济和思想文化的新情况，对传统儒学及三教关系进行了深刻反省，并从不同角度重新诠释和提升沉寂已久的儒学精神及儒家思想，出现了儒学复兴的趋势。

三

从北宋王朝建立到清王朝灭亡，共历时951年。在这近千年的历史中，中国哲学的发展呈现出错综复杂的变化，总体趋势是由汉末至唐末的近六七百年的文化冲突和儒释道互争长短的矛盾斗争及思想激荡至宋代趋于平静。以北宋五子为前驱，以张载气学、程朱理学和陆王心学为骨干，以明末清初的王夫之、方以智、黄宗羲等大家为殿军的儒家哲学成为该时的主流。在复兴儒学的共同使命下，他们殊途共进，多元并存，造就了中国封建时代中国哲学的最后辉煌。

第一阶段：以“理学”为主流的宋代哲学

这一阶段的主要代表人物和哲学流派，在北宋有邵雍的象数学、周敦颐的濂学、张载的关学、王安石的新学、程颢和程颐的洛学（又分为明道学派和伊川学派）；在南宋有朱熹的闽学、陆九渊的心学、以陈亮和叶适为代表的功利学派（又分为永康学派和永嘉学派）等。

第二阶段：以心学为主流的明代哲学

明朝建立之初，程朱理学占统治地位。但其后不久，学术思想便发生转向。王阳明生活在明朝中期，是明代思想史上集心学之大成的思想家和哲学家。王学的兴起，动摇了程朱理学的正统地位，客观上开启了明末个体意识的觉醒。功利学派思想家李贽的思想反映了明代后期资本主义萌芽和市民阶层的要求，为明清之际启蒙思潮的产生准备了条件。

第三阶段：“明清之际”及清代的哲学

“明清之际”是中国历史上一个非常特殊的时代，史学家（黄宗羲）称之为“天崩地解”和“暴风雨降临”的时代，同时它也是中国哲学从古代向近代转化的时期。在这一背景下，明末清初在哲学思想及文化领域，出现了一大批具有近代启蒙色彩的思想家、哲学家。如陈确、傅山、黄宗羲、方以智、顾炎武、王夫之、唐甄，至清代则有颜元、李塨、戴震等。其中以顾、黄、王三大思想家为代表，对宋明理学及陆王心学进行了批判、改造、转化和新的诠释。同时，他们又借助于西学的传入，对整个中国古代哲学思想进行了全面的反思。这是一次带有近代思想启蒙性质的哲学与文化的总结，同以往儒学内部的调整有本质的不同。这种不同主要表现以下三个方面：

第一，在思想方法上，对传统哲学的思维方式有所突破。

第二，在政治哲学方面，对君主制度提出怀疑，从而对封建制度的认识和理解有所突破。

第三，在哲学理论方面，对中国古代思想作出全面总结和新的诠释。

正是由于这些思想家在哲学理论方面有新建树，才使得中国封建时代的哲学大放异彩地走向了历史的终结，从而带着中国哲学的思想“基因”迎来了新时期的中国近代哲学。

四

从 18 世纪中期至 19 世纪中期，在长达一个多世纪的时间里，承明清之际启蒙思想的影响，中国哲学在某些方面也取得了一些进步，但从总体上来说，仍未跨过古代哲学的门槛。中国经历了雍、乾、嘉、道一百多年的时间，西学的早期输入完全中止，中国的士大夫一方面重新捡起程朱理学，另一方面又一头钻进训诂考据之中，严重延缓了中国哲学的近代化历程。直到 19 世纪中期，随着鸦片战争的失败和西方列强的隆隆炮声，中国近代史的序幕被徐徐拉开，同时中国哲学由古代形态向近代形态转化的历史进程也正式开启。

然而，这种包括中国哲学在内的中国学术思想向近代形态的转变，同中国整个近代史一样，是一个充满艰辛和痛苦的过程。特别是由于中国资产阶级的不成熟，及其自身的妥协性、软弱性，中国近代哲学呈现出许多矛盾、混乱，缺乏系统性和完整性，更说不上深刻性和思辨性，从而导致中国近代没有形成一个完整系统的资产阶级哲学体系。也就是说，当中国资产阶级还没有来得及完成中国哲学近代化任务的时候，中国社会便在重大的历史跌宕中，又急骤地跳跃到现代。

第一编

先秦哲学

第一章　中国哲学的起源

第一部分　考点归纳

一、天命与天道 ★★

1. 天命

在一些代表周人思想的文献中，“天”和“帝”可以混用，具有与“帝”相同的至上神的意义。天的命令就是“天命”，周人用“天命”来确立周革殷命的正当性。

2. 天道

天地万物在变化、运行过程中会体现出各种规律、法则，这就是“天道”。

“天道”观念的兴起并没有完全取代“天命”，“天道”的意涵偏向于法则、规范，“天命”则以“命运”之义与个人更密切地联系在一起。在中国哲学整个发展过程中，“天”“天命”“天道”都具有思想和行为依据的功能。

二、五行观念与和同之辨 ★★

1. 五行观念

“五行”，即水、火、木、金、土，是中国哲学中源远流长的重要观念，其提出可以追溯到《尚书・洪范》。“五行”的观念应该是从与先民的生产和生活密不可分的五种元素或物质抽象而来的，体现出先民对自然物的基本分类，也体现出他们关于不同事物之间的联系的看法。

2. 和同之辨

(1)《国语·郑语》中提出“和实生物,同则不继”的观点:“夫和实生物,同则不继。”不同性质的事物相互配合,相反相成,才能够发展,这就是“和实生物”;不包含差别、对立的相同事物的相加就意味着消亡,这就是“同则不继”。

(2)“和同之辨”又见于《左传》记载的齐侯和晏婴的对话中。晏子用饮食、音乐之道来说明“和”“同”之异。

三、气与阴阳观念的产生 ★★

1. 气

“气”的本义为云气,中国哲学中的“气”观念是从具体可感的云气及蒸汽、雾气等气态存在物抽象而来的。

“气”运行于天地之间,也是人的情、性的来源。

2. 阴阳观念

“阴阳”是中国古代哲学中极具代表性的观念,本义是日光的向背,向日为“阳”,背日为“阴”;后被用来表示地理之方位,山之南、水之北为“阳”,水之南、山之北为“阴”;后又引申为指气候的寒暖,温暖者为“阳”,寒冷者为“阴”。但“阴阳”却不仅仅指“阴气”和“阳气”,而是抽象概括了相对相反的两种因素。

早期哲人用“气”的观念来解释自然现象、生命现象、精神现象,甚至社会现象,后发展为将整个宇宙演化解释为气化过程,对中国哲学的发展有着极为深远的影响。“阴阳”作为中国哲学的一个基本观念贯通了中国哲学史,其中所体现出的二分对立也成为中国哲学重要的思维方式,但中国哲学也强调相反相对的事物和现象之间的联系、依存及转化。

第二部分 课后习题详解

1. 简述西周时期的“天命”观。

答:“帝”是殷商文化中的至上神,在一些代表周人思想的文献中,“天”和“帝”可以混用,具有与“帝”相同的至上神的意义。天的命令就是“天命”,周人用“天命”来确立周革殷命的正当性。因为商纣王罪恶很多，“天”改变了天下的元首，结束了大国殷的福命。周王伐纣是恭行“天”的命令，执行“天”对殷的惩罚。

统治者必须具有德性才能够维持“天命”，否则就会失去“天”的信任和保护，也就会失去政权，这就是“皇天无亲，惟德是辅”。统治者需要培养自己的德性。统治者是否有“德”的判断标准在于能否顺从民意、取得民心，因为民心、民意可以代表“天”的意志，这就是“民之所欲，天必从之”。

2. 对“和实生物，同则不继”的观点进行解释说明。

答：《国语·郑语》中，西周末年的史伯在与郑桓公的一次对话中提出“和实生物，同则不继”的观点：“夫和实生物，同则不继。以他平他谓之和，故能丰长而物归之。若以同裨同，尽乃弃矣。”“以他平他”是不同性质的事物的相加，“以同裨同”是相同事物的相加，前者为“和”，后者为“同”。不同性质的事物相互配合，相反相成，才能够发展，这就是“和实生物”；不包含差别、对立的相同事物的相加就意味着消亡，这就是“同则不继”。这里体现出了单一物质不能生成各种不同事物的观点。

3. 简述阴阳与五行观念的产生。

答：（1）阴阳

“阴阳”是中国古代哲学中极具代表性的观念，本义是日光的向背，向日为“阳”，背日为“阴”；后被用来表示地理之方位，山之南、水之北为“阳”，水之南、山之北为“阴”；后又引申为指气候的寒暖，温暖者为“阳”，寒冷者为“阴”。这些意义的阴阳指向具体的事物或现象，但也体现出了将各种事物或现象划分为相反的两类的思维方式。“阴阳”与“气”结合后，“阴气”和“阳气”被用来解释自然、生命、精神和社会，“阴阳”也具有了普遍的哲学意义。“阴阳”观念包含了事物之间以及事物的不同部分之间的对立、联系和统一关系。

（2）五行观念

“五行”，即水、火、木、金、土，是中国哲学中源远流长的重要观念，其提出可以追溯到《尚书·洪范》。“五行”的观念应该是从与先民的生产和生活密不可分的五种元素或物质抽象而来的，体现出先民对自然物的基本分类，也体现出他们关于不同事物之间的联系的看法。

第三部分　典型习题详解

选择题

1. 关于中国哲学起源期的思想观念,下列陈述不正确的是(　　)。

A. “五行”观念体现出先民对自然物的基本分类,也体现出他们关于不同事物之间联系的看法

B. 哲学中“气”的观念是先民们从对具体可感的云气、蒸汽等的经验中抽象出来的,它被用来解释自然现象、精神现象,甚至社会现象等

C. “天道”观念在春秋战国时期的古籍中普遍流行,它和“天命”观念一样,起初产生于星占活动,后被用来指一种普遍的自然和道德法则

D. “阴阳”观念所体现的二分对立是中国哲学重要的思维方式,集中体现在《易经》中

【解析】“天道”观念并非起初产生于星占活动,而是源于古人对自然规律的认识与总结,用以描述宇宙万物运行的法则;而“天命”观念虽与古人对天象的观察有关,但二者起源不同。故C错误。

2. “天”作为中国哲学的核心概念之一,贯穿于整个哲学史。下列说法不正确的是(　　)。

A. “天”既有至上神的初义,也有物质性自然之天的含义

B. 自然万物运行、变化过程中所体现的规律,就是“天道”

C. 在周代,“天命”是统治者合法性和正当性的依据,但是统治者必须具有德性才能获得和维持天命

D. “天”是万物的来源,也是万物的主宰,这一思想贯穿中国哲学史的全部

【解析】虽然“天”在多个哲学流派中被视为万物的来源或主宰,但这一思想并非贯穿中国哲学史的全部。不同哲学时期和流派对于“天”的理解有所差异,不能一概而论。比如儒家认为“天”既是至上神,也是自然之天。道家则更侧重于“天”的自然无为属性,认为“天”不是人格化的至上神,而是宇宙万物运行的根本法则。

【答案】1. C　2. D

第二章　孔子的哲学

第一部分　考点归纳

一、"仁者爱人"的仁学思想 ★★★

在孔子思想中，仁学思想无疑有着重要的地位。孔子对于仁并没有一个明确的定义，针对不同人的提问，其给出的答案也是不一样的。

(1)约束自己的行为以使其符合礼的要求就可以称作仁。在孔子看来，仁是主动的、内在的，并非被动的、外在的。也就是说，仁的实现的主动权完全在于自己，"为仁由己"。

(2)仁是一种植根于内心的情感，这种植根于内心的仁表现出来就是爱。爱人是仁的一个重要方面。善事父母为孝，善事兄长为悌。孝悌是实现仁的内在根本。

(3)"夫仁者，己欲立而立人，己欲达而达人。"所谓仁，就是把自己想要达到的、想要实现的逐渐推广到他人乃至全人类。这也是孔子所说的"忠"，是仁积极的一面。

(4)"己所不欲，勿施于人。"我不愿意做的事情，也不要施加给他人。这就是"恕"，也是仁消极的一面。

在孔子看来，仁是统率其他各种道德的全德。

二、"约之以礼"的礼学思想 ★★★

1. 礼学思想与仁学思想

孔子的礼学思想是与其仁学思想联系在一起的。在孔子看来，仁才是礼乐的真正本质。仁是礼的内在根据,礼是仁的外在表现。

2. 约礼

在孔子看来,不仅仁德需要礼的约束,而且其他各种具体的道德也要受到礼的约束。非但各种道德要受到礼的规范,而且其他一切行为也都要受到礼的约束。可见,“约礼”是孔子思想的基本主张之一。

3. 周礼

孔子所说的礼并非泛泛而谈,而有其特定的含义,即周礼。所谓周礼,就是西周制定的以血缘关系为基础的等级制度和宗法制度。这套制度,孔子是非常推崇的,其一生的理想就是复兴周礼。

三、“为政以德”的政治思想 ★★

1. “正名”思想

孔子生活的时代,是一个礼坏乐崩的时代。当时礼仪制度的内涵已经荡然无存,仅仅保存了一些形式上的规定。为了恢复周礼,孔子在政治思想上提出了“正名”思想。

(1)“名不正,则言不顺;言不顺,则事不成;事不成,则礼乐不兴;礼乐不兴,则刑罚不中;刑罚不中,则民无所措手足。”

(2)君主要符合君主之礼的要求,大臣要符合大臣之礼的要求,父子也是如此。只有这样才能治理好国家。如果君臣父子都不按照他们所相应的礼的要求行事,那么就会天下大乱。因此,如果实与名符,则是“天下有道”;如果实不符名,则是“天下无道”。

2. 道德教化

(1)“为政以德,譬如北辰,居其所而众星共之”,治理国家要以道德教化为主,就如同北极星一样,处于其位置不动而众星绕之。这主要是强调统治者的道德修养。

(2)“君子之德风,小人之德草。草上之风,必偃”,如果统治者能有君子那样的品德,那么老百姓就会像风下之草一样顺从无违,这样的治理显然就不需要刑罚了。

四、“道之在命”的天命思想 ★★

在孔子看来，命是人力所无法控制的外在的某种限定性。道之行或不行，都不是人力所能决定的。命有时被等同于天。人的死生、富贵都是由命（天）所决定的，是人力所不能改变的。孔子有时还把命和天放在一起，称作“天命”。孔子虽然认为生死、富贵和道的行废等有外在条件的限定，但并不否定人力的作用。

孔子是儒家学派的创始人，也是中国历史上最伟大的思想家和教育家，其所提出的仁学、礼学、正名等思想对于中国的政治、社会、文化产生了持续而深远的影响。孔子以前的文化赖有孔子而得以传承，孔子以后的文化赖有孔子而得以广大，孔子实乃中国文化承前启后之人物。在某种程度上，孔子已经成为中国文化的代名词，其地位在中国文化史上实无第二人可与之相媲美。

第二部分　课后习题详解

1. 试述孔子的仁学思想。

答：在孔子思想中，仁学思想有着重要的地位。孔子对于仁并没有一个明确的定义，但主要包含以下几个方面。

（1）约束自己的行为以使其符合礼的要求就可以称作仁。在孔子看来，仁是主动的、内在的，并非被动的、外在的。也就是说，仁的实现的主动权完全在于自己，“为仁由己”。

（2）仁是一种植根于内心的情感，这种植根于内心的仁表现出来就是爱。爱人是仁的一个重要方面。善事父母为孝，善事兄长为悌。孝悌是实现仁的内在根本。

（3）“夫仁者，己欲立而立人，己欲达而达人。”所谓仁，就是把自己想要达到的、想要实现的逐渐推广到他人乃至全人类。这也是孔子所说的“忠”，是仁积极的一面。

（4）“己所不欲，勿施于人。”我不愿意做的事情，也不要施加给他人。这就是“恕”，也是仁消极的一面。

正因为仁是众德的统帅，因此，其在孔子心目中有着无可比拟的地位。为了实现仁,即使付出生命也在所不惜。

2. 试述孔子的正名思想。

答:为了恢复周礼,孔子在政治思想上提出了“正名”思想。孔子认为,周礼之所以遭到破坏就在于当时人们不再按照周礼的要求行事。因此,如果要恢复周礼,首先就要恢复周礼对于各种等级名分的规定。

在孔子看来,名正才能言顺,然后才能办好事情,之后礼乐、刑罚才能各得其所,这样老百姓就不会手足无措。他说:“名不正,则言不顺;言不顺,则事不成;事不成,则礼乐不兴;礼乐不兴,则刑罚不中;刑罚不中,则民无所措手足。”

孔子认为,君主要符合君主之礼的要求,大臣要符合大臣之礼的要求,父子也是如此。只有这样才能治理好国家。如果君臣父子都不按照他们所相应的礼的要求行事,那么就会天下大乱。因此,如果实与名符,则是“天下有道”;如果实不符名,则是“天下无道”。

孔子提出的“正名”思想,第一次指出了事物的名称、概念应当与实际相符,具有一定的逻辑学与认识论的意义。

3. 试述孔子的天命思想。

答:在孔子看来,命是人力所无法控制的外在的某种限定性。道之行或不行,都不是人力所能决定的。孔子有时还把命和天放在一起,称作“天命”。他说,君子对于三种事物比较畏惧,即天命、大人(统治者)、圣人之言。知道不知道天命是区分君子与小人的一个重要标准,“不知命,无以为君子也。”孔子在对于自己人生的概括中也提到天命:“吾十有五而志于学,三十而立,四十而不惑,五十而知天命……”孔子虽然认为生死、富贵和道的行废等有外在条件的限定,但并不否定人力的作用。他说:“不怨天,不尤人。下学而上达。知我者,其天乎!”

第三部分　典型习题详解

一、选择题

1. 儒家的“仁爱”与墨家的“兼爱”最大的不同之处是(　　)。

A. 儒家是由内及外、由远及近地爱人

B. 墨家是由内及外、由近及远地爱人

C. 儒家是由内及外、由近及远地爱人

D. 墨家是由外及内、由近及远地爱人

2. 孔子的学生子张问仁，孔子回答说："能行五者于天下，为仁矣。"这里的"五者"是指(　　)。

A. 仁义礼智信　　B. 恭宽信敏惠

C. 恭谦信敏惠　　D. 仁义礼智惠

【答案】1. C　2. B

二、填空题

1. ________是儒家学派的创始人，也是中国历史上最伟大的思想家和教育家，其所提出的仁学、礼学、正名等思想对于中国的政治、社会、文化产生了持续而深远的影响。

2. 在孔子看来，________是统率其他各种道德的全德。

【答案】1. 孔子　2. 仁

第三章　老子的哲学

第一部分　考点归纳

一、道论 ★★★

1.“道”

“道”是道家思想中的最高概念。“道”的原意是路。人走路要遵循道路，日月星辰也要遵循各自的轨道运行，因此，“道”具有事物运动所遵循的规律、法则的意义。但作为道家思想最高概念的“道”却不同于以上的“道”。

老子认为“道”是一种没有分化的混成之物，先于天地而生，是天地万物之母。“道”无声无形，所以看不到，听不到，也摸不着。“道可道，非常道。名可名，非常名。”作为天地万物来源的恒常的“道”不能用言语表达，也不能用名来指称。

2.“道”和“无”“有”的关系

“天下万物生于有，有生于无”，“无”产生“有”，“有”产生万物，所以“无”是天地的开端，“有”是万物之母。

“无”先于“有”，“无”为“始”，“有”为“母”，但“无”和“有”实质上都是“道”。“道”虽然无形，不可见，但又不是纯粹的“无”。所以，老子的“道”应该包含“无”和“有”，是“无”和“有”的统一。老子的“道”既是天地万物的来源，也是天地万物存在的根据。

二、无为与自然 ★★★

万物来源于“道”，从“道”那里获得了各自的“德”，“道”之所以受到尊崇，“德”之所以被珍视，就因为它对万物不加以干涉，而顺任万物的自然。“道”能够顺任万物的“自然”而不妄加干涉就是“道”的“无为”。在老子看来，君主应该把“道”作为自己取法的对象，所以治理国家的时候也应该顺任百姓的自然而不使用自己的权力去干涉，这就是“无为之治”。

三、反者道之动 ★★★

作为万物本原的“道”无形，不可见，但“道”的运动和作用的发挥却表现出某种规律，这就是“反者道之动”。“反”有“相反”和“返复”两义，就是说“道”的运动是向自己相反的方面转化，“道”的运动也是一个返复的过程。

“道”所生成的万物也遵循这样的规律。首先，老子认为相反的事物和观念是相互依存的。其次，对立的双方发展到一定程度时会表现出对方的特性。最后，对立的双方会向相反的方向转化。

老子所创立的道家是中国传统文化体系极其重要的组成部分，对中国古代的哲学、宗教、科学、文学、艺术甚至现实政治均有影响。

第二部分　课后习题详解

1. 简析老子思想中道与万物的关系。

答：“道”是天地万物的来源，也是天地万物存在的根据。万物来源于“道”，从“道”那里获得了各自的“德”，因为“德”的畜养而能发展、成熟。所以万物都尊崇“道”而珍视“德”。

“道”虽然生成万物，但并不将万物占为己有；虽然能辅助万物发展，但并不倚仗万物的发展来达成自己的目的；虽然长养万物，但并不主宰万物。

老子认为，万物在不受“道”的干涉的情况下能够自我发展和完善，并且万物各自的发展也不会发生冲突，从而能够达到万物之间的和谐。

2.简释"道法自然"的含义。

答:《老子》第二十五章讲:"人法地,地法天,天法道,道法自然。""自然"的意思是"自己如此",也就是说,万物的发展是依靠自身,而不是依靠外力。因此,"道法自然"并不是在道之上有更高的"自然"存在供"道"来取法,而正是指"道"不对万物的发展妄加干涉,把顺任万物之"自然"作为自己的原则。"道"能够顺任万物的"自然"而不妄加干涉就是"道"的"无为"。

3.解析"反者道之动"。

答:作为万物本原的"道"无形,不可见,但"道"的运动和作用的发挥却表现出某种规律,这就是"反者道之动"。"反"有"相反"和"返复"两义,就是说"道"的运动是向自己相反的方面转化,"道"的运动也是一个返复的过程。

"道"所生成的万物也遵循这样的规律。首先,老子认为相反的事物和观念是相互依存的。其次,对立的双方发展到一定程度时会表现出对方的特性。最后,对立的双方会向相反的方向转化。

第三部分　典型习题详解

一、选择题

下列说法最不符合老子"无为"思想的是(　　)。

A. 当万物不受外在的"道"的干涉时,就能够自我发展和完善,并且达到彼此之间的和谐

B. "无为"并非无所作为,恰恰对百姓或者万物的更好发展起到辅助作用

C. 当君主把"道"作为自己的取法对象来治理国家时,就会采取无为而治的治理

D. "无为而无不为"是道家所探索的一种统治术,目的是采取怀柔政策强化统治

【解析】老子的"无为"并非指一种统治术或怀柔政策,而是强调顺应自然、不妄为,让万物按照自身的规律发展。

【答案】D

二、填空题

1.《老子》一书，又称________。

2.黄老是________和老子的合称。

【答案】1.《道德经》　2.黄帝

三、名词解释

无为之治

答：在老子看来，君主应该把“道”作为自己取法的对象，所以治理国家的时候也应该顺任百姓的自然而不使用自己的权力去干涉，这就是“无为之治”。但无为之治并不是说君主完全无所作为，从某种意义上说，无为也指做不干涉百姓自然发展的事情，或者是做可以辅助百姓自然发展的事情。

四、简答题

1.谈谈老子“小国寡民”的政治理想。

答：(1)小国寡民的含义

“小国寡民”是老子理想的社会与国家形态。《老子》第八十章言：“小国寡民，使有什伯之器而不用，使民重死而不远徙。虽有舟舆，无所乘之；虽有甲兵，无所陈之。使民复结绳而用之。甘其食，美其服，安其居，乐其俗。”可见，在这样理想的小型国家，仍需要一个掌握国家权力的统治者来使百姓能够拥有简朴、富足、快乐的生活。所以，最理想的政治并非没有君主，而是“无为”之君在位的政治。

(2)无为之治方天下大安

老子主张“无为之治”，而“小国寡民”恰好与其“无为之治”的思想相对应。老子说：“治大国若烹小鲜。”他反对对百姓生活的干涉、搅扰，君主对百姓自然发展过程的干涉就是“有为”。他主张尽量减少扰民，以达成天下大安之目的。

(3)评价

“小国寡民”是在小农经济的基础上构想出来的桃花源式的乌托邦，体现出老子对现实生活的不满，反映出在战争频繁的春秋战国时期，生活动荡不安的人民迫切要求安静休养与减轻剥削的愿望。

2.如何理解老子的“道”?

答:“道”是道家思想中的最高概念。“道”的原意是路,后用来表达事物运动所遵循的规律、法则。老子的“道”大致包含三层意义:

(1)实存意义的“道”

①老子认为“道”是一种没有分化的混成之物,先于天地而生,是天地万物之母。《老子》第一章:“道可道,非常道。名可名,非常名。”真正的“道”是不可言说的,作为天地万物来源的恒常的“道”不能用言语表达,也不能用名来指称。

②“天下万物生于有,有生于无。”老子认为“道”和“无”“有”有着复杂的关系。“无”产生“有”,“有”产生万物,所以“无”是天地的开端,“有”是万物之母。“道”包含“天”和“有”,是“无”和“有”的统一。

③“道”先天地而生,为天地之始,为万物之母,是天地万物的来源。“道生一,一生二,二生三,三生万物。”

(2)规律性的“道”

道虽无形不可见,但它作用于万物时,却表现出了某种可作为人类行为准则的规律。《老子》第四十章:“反者道之动。”老子认为自然界中事物的运动和变化都要依据某些规律,其中“反”为总规律,即事物向相反的方向运动发展,也就是对立转化的规律。

(3)生活准则的“道”

“道”是人类的感觉不能直接触碰到的,当“道”作用于万事万物时,其显现出的特性能作为人类行为的准则,落实到生活层面,成为人们的处世方法和生活方式。“道”落实到物界,作用于人生,便生成了各自的“德”。“德”既是“道”的作用,也是“道”的显现。

总之,老子的“道”是一个终极实在的概念,是整体的。它既不可界定也不可言说,任何对象都不能用来限定它,也不能有限地表达出道的特性。所以,“道”又称为“无”“朴”“一”“大”。它是一切事物的源泉和原始浑朴的总体,并且是一个流转和变迁的过程。

第四章　墨子与墨家

第一部分　考点归纳

墨翟(约前468—前376)为墨家创始人,又称墨子,鲁国人(一说宋国人)。墨子由于不满儒家礼乐的烦琐和浪费,“背周道而用夏政”(《淮南子·要略》),创立了墨家。墨家在先秦时期具有广泛的影响力,在战国时与儒家并立为“显学”(《韩非子·显学》)。《墨子》一书是墨家的著作集。

一、兼相爱,交相利 ★★

墨子有“尚贤”“尚同”“兼爱”“非攻”“节用”“节葬”“非乐”“非命”“天志”“明鬼”十大主张,其中,“兼爱”为墨子思想的核心。

(1)墨子认为,要实现天下大治,就要了解天下大乱的原因,“不相爱”就是社会混乱的原因。如果“兼以易别”,天下之人都能够“兼相爱人若爱其身”,种种社会乱象都会消失,就能实现天下大治的理想。

(2)“兼爱”是一种没有分别和差异、人人平等的爱人原则。墨家的“兼爱”强调不分亲疏远近、尊卑上下,对他人的爱是平等的。后期墨家还提出“待周爱人,而后为爱人”。

(3)墨子尚“利”,常将“爱人”和“利人”相连或相对使用,并有“爱利天下”“兼爱天下也从而利之”的说法。如果人人都只爱己,追求自利,那么,人与人就会彼此交恶;如果做到“兼爱”,做到“爱人如己”,为他人的利益而努力就像是为自己的利益而努力,爱人,利他,就会达到人人相爱,彼此互利的结果。

二、天志、明鬼与非命 ★

1. 天志

墨子认为“天”是有意志的,即“天志”。“天志”是衡量王公大人和万民言行的标准。墨子的“兼爱”“非攻”的主张也是“天志”的反映。人的行为顺从“天志”则能得到奖赏,违背“天志”就会受到惩罚。墨子认为,人们的意见最终应统一于天的意志。这是墨子针对当时国家混乱而提出的政治纲领。

2. 明鬼

墨子还肯定鬼神的存在,并从多个方面进行证明。首先,他举例论证鬼神乃众人耳目之实。其次,以三代圣王敬鬼祭神为例,论证明鬼乃圣王之务。再次,援引《周书》《商书》《夏书》的记述作为明鬼的文献根据。此外,以夏桀、殷纣的灭亡,说明鬼神能赏善罚恶。最后,指出敬鬼不妨碍孝亲,祭神也不是浪费。

3. 非命

墨子否定“命”的存在,反对命定论。他认为,国家的治理者追求富裕反而贫困,追求人口众多反而使人口减少,追求治理反而混乱,是因为主张“有命”的人太多。如果人们相信有命,就会导致“上不听治,下不从事”的恶果,造成行政混乱、财用不足,甚至导致“亡失国家,倾覆社稷”的恶果。

三、三表法 ★

墨子把知识分为“名知”与“取知”,“名知”是通过概念获取的认识,“取知”是通过实践获得证明的认识。墨子还提出必须建立一个标准,对认识是否正确进行检验。于是,墨子提出“三表法”。

三表法:有本之者,有原之者,有用之者。于何本之?上本之于古者圣王之事。于何原之?下原察百姓耳目之实。于何用之?发以为刑政,观其中国家百姓人民之利。此所谓言有三表也。

墨子提出从古圣先王的事迹、百姓的感性经验、在政治实践中的功用三个方面对认识进行验证,以决定是非利害,这开辟了先秦以验证决定是非的观念,是对中国古代认识论和逻辑学的重要贡献。

四、后期墨家的认识论和逻辑学 ★

1. 认识论

《经上》：知，材也。

《经说上》：知材，知也者；所以知也，而必知，若明。

《经上》：虑，求也。

《经说上》：虑，虑也者以其知有求也，而不必得之，若睨。

《经上》：知，接也。

《经说上》：知，知也者以其知过物而能貌之，若见。

《经上》：智，明也。

《经说上》：智，智也者以其知论物，而其知之也着，若明。

《墨经》对名与实的关系、名的分类等问题均有独到的见解，而且对重要的“名”所指之“实”进行了新的界定，并着重探讨了“辞”“说”也就是判断、推理等问题。

2. 逻辑学

(1)《小取》是墨家逻辑体系的简明纲要。该篇第一部分阐述了辩学即逻辑学的目的、作用。

(2)论辩的目的和作用：判定争论双方的是非对错，区分事物之间的同和异，订正名与实之间的关系，衡量事物的益处和害处，对疑惑不明的事理进行正确的判定，审查社会的治乱存亡的规律。

(3)论辩的程序：“以名举实，以辞抒意，以说出故”。

(4)论辩的规则与方法：“以类取，以类予”“有诸己不非诸人，无诸己不求诸人”。

第二部分 课后习题详解

1. 墨子的兼爱学说有什么特点？

答：“兼爱”为墨子思想的核心。墨子认为，要实现天下大治，就要了解天下大乱的原因，“不相爱”就是社会混乱的原因。“兼爱”是一种没有分别和差异、人人平等的爱人原则。儒家的“爱人”强调由“亲亲”开始,也就是要由对亲人的爱开始培育爱人的情感,由于我与他人亲疏远近关系的不同,“爱”于是呈现出差等;墨家的“兼爱”则强调不分亲疏远近、尊卑上下,对他人的爱是平等的。后期墨家还提出“待周爱人,而后为爱人”(《墨经》),就是说,周遍地爱所有的人,才是真正的“爱人”。所以说,墨家的“兼爱”不只无差别地爱他人,而且也要做到对自己的爱与对他人的爱没有差别。

2.墨子的非命与天志思想是否矛盾?

答:(1)墨子认为“天”是有意志的,即“天志”。“天志”是衡量王公大人和万民言行的标准。墨子的“兼爱”“非攻”的主张也是“天志”的反映。人的行为顺从“天志”则能得到奖赏,违背“天志”就会受到惩罚。墨子认为,人们的意见最终应统一于天的意志。这是墨子针对当时国家混乱而提出的政治纲领。

(2)墨子虽然相信“天志”,主张“明鬼”,却否定“命”的存在,反对命定论。他认为,国家的治理者追求富裕反而贫困,追求人口众多反而使人口减少,追求治理反而混乱,是因为主张“有命”的人太多。如果人们相信有命,就会导致“上不听治,下不从事”的恶果,造成行政混乱、财用不足,甚至导致“亡失国家,倾覆社稷”的恶果。墨子强烈不满暴王、暴政的剥削压迫和宗教欺骗,希望摆脱种种束缚而依靠自身力量来改变自我处境,因而主张“非命”。

墨子思想体系中的这种矛盾,在现实中可以得到解释。他提出这些学说的目的是维护劳动人民的根本利益,在一定程度上约束统治阶级的行为,以实现“有力相营,有道相教,有财相分”的社会理想。

3.墨子的三表法包括哪些内容?

答:墨子提出了“三表法”:有本之者,有原之者,有用之者。于何本之?上本之于古者圣王之事。于何原之?下原察百姓耳目之实。于何用之?发以为刑政,观其中国家百姓人民之利。此所谓言有三表也。

“本”的意思就是“根据”,“原”的意思就是“验证”,“用”是“实践、实施”。“上本之于古者圣王之事”就是说通过古者圣王之事的记载,来看一看这个学说是否符合这个记载;“下原察百姓耳目之实”是说通过百姓的经验来判断事情的真伪。“发以为刑政,观其中国家百姓人民之利”,是说将学说运用于政治实践中,看一看它是不是实现或者达到了让国家和百姓都获得利益的程度。

墨子提出从古圣先王的事迹、百姓的感性经验、在政治实践中的功用三个方面对认识进行验证，以决定是非利害，这开辟了先秦以验证决定是非的观念，是对中国古代认识论和逻辑学的重要贡献。

第三部分　典型习题详解

一、填空题

1.《墨子》一书的主体，主要讨论了十项基本的学说，称为“墨家十事”，这是墨家学派最基本的教义。这十项教义分别是：________、________、________、________、________、________、________、________、________、________。

2.《墨经》是战国后期墨家的著作，指今本《墨子》中的________、________、________、________、________、________六篇。

3.《墨经》将命物之名区别为________、________、________。

【答案】1. 尚贤　尚同　兼爱　非攻　节用　节葬　非乐　非命　天志　明鬼　2.《经上》《经下》《经说上》《经说下》《大取》《小取》　3.“达名”“类名”“私名”

二、名词解释

1. 非攻

答：非攻是春秋战国时期墨子提出的一种伦理学说，意即反对攻占。墨子主张非攻，反对王公大人使用武力攻打“无罪之国”、侵城掠地、杀戮“万民”的行为，他认为这种战争是最大的“不义”。墨子非攻主张的具体实践有历史上流传的“止楚攻宋”的故事。非攻并非无条件地反对一切战争，而是反对侵略战争。非攻是墨子军事思想的集中体现，在当今时代仍具有重要的意义。

2. 尚贤

答：尚贤是战国初期墨子关于用人的政治主张。他建议大量寻求人才，以适应时代的需要。墨子反对儒家“亲亲有术，尊贤有等”的看法，主张“不党父兄，不偏富贵，不嬖颜色”，“有能则举之，无能则下之”，强调国家录用人才时应突破等级身份限制,让有才之人有职有权,发挥作用。这体现了小生产者要求改变其经济政治地位、参与政权的愿望,冲击了以血缘为基础的贵族等级制度。

三、简答题

试析墨子的“尚力”“非命”论与“天志”“明鬼”说的矛盾。

答:墨子提出的“尚力”“非名”论与“天志”“明鬼”说之间存在矛盾。

(1)“尚力”“非命”论

墨子深刻地揭露和批判了当时盛行的命定论,并运用“三表法”否定了“命”的客观性,指出自古及今,未尝“见命之物,闻命之声”;他还认为,暴君借助命定论来欺骗百姓,然而决定人们命运和社会治乱的,不是“命”,而是“力”。

(2)“天志”“明鬼”说

在否定命定论的同时,墨子提出了“天志”说和“明鬼”说。他认为上天有意志,能赏善罚恶,是人类社会的最高主宰。实际上,“天志”是墨子所代表的下层劳动者的利益与愿望的主观意识之外化。上至天子王公,下至平民百姓,都须以墨子的“天志”来规范自身言论行为,“天志”是依照墨家理想设计出来的最高主宰力量。

墨子还从经验论出发论证了“鬼神”的存在,并赋予鬼神“赏贤伐暴”的性格,他希望利用“鬼神”和“天志”来威慑统治者行善除恶。

(3)“尚力”“非命”论与“天志”“明鬼”说的矛盾

墨子思想体系中的“尚力”“非命”论与“天志”“明鬼”说是存在矛盾的。这一矛盾体现出小生产者自身存在的进步与落后的双重属性。

①他们强烈不满暴王、暴政的剥削压迫和宗教欺骗,希望摆脱种种束缚,依靠自身力量来改变自我处境,因而主张“非命”“尚力”。

②由于自身认识的局限性,他们又不可能彻底摆脱传统观念的束缚,也找不到更有效的手段来制约上层统治阶级,所以只能寄希望于理想的“天”和“鬼神”这种神秘力量。

墨子思想体系中的这种矛盾,在现实中可以得到解释。他提出这些学说的目的皆是维护劳动人民的根本利益,在一定程度上约束统治阶级的行为,以实现“有力相营,有道相教,有财相分”的社会理想。

第五章　孟子的哲学

第一部分　考点归纳

孟子(前 372—前 289),名轲,战国时邹(今山东邹城)人。他自称是孔子的私淑弟子,终身以继承和发扬孔子的学说为己任。到了晚年,孟子与他的学生著成《孟子》一书。这是孟子流传于世的唯一著作,也是研究其思想的主要材料。

孟子是继孔子之后儒家最重要的代表人物,被后人称作“亚圣”。到了宋代以后,《孟子》与《论语》《大学》《中庸》并称“四书”,成为与“五经”同等重要的儒家经典,对于中国哲学与文化的发展产生了重要的影响。

一、“仁义礼智根于心”的性善论 ★★

孟子对于儒学最大的贡献就在于其所提出的“性善论”。孟子认为,“性善”是人之为人的根据,如果失去这一点,就与动物没有什么区别了。这种“性善”是人本身固有的,不是外在强加于人的。其具体表现为“四心”,即恻隐之心、羞恶之心、恭敬之心、是非之心,分别对应仁、义、礼、智“四德”。在“四德”之中,仁、义是根本,礼、智是从属。

二、“求其放心”的道德修养论 ★★

在孟子看来,如果人丧失其道德属性,那么就应该“求其放心”,即把已经丢失的本心寻求回来,具体途径是仁和义。寻求本心的具体途径是激发、扩充其内在的仁、义、礼、智等道德属性。

在“求其放心”的过程中,孟子特别强调“思”的作用。除了重视“思”外,孟子还强调减少欲望对于“养心”的作用。在道德修养上,除了“养心”外,孟子还讲“养气”。所谓“养气”,就是培养人内在的作为精神状态的“浩然之气”。

三、“反其本心”的仁政思想 ★★★

1. 仁政

在政治思想上,孟子提出了仁政思想。在孟子看来,仁政是建立在仁心的基础之上的。“不忍人之政”也就是“仁政”。仁心是实现仁政的前提。仁心是人人具有的道德品质,统治者也不例外。如果统治者能把这种仁心运用到治理国家上,就是仁政。

2. 井田制

井田制就是指国家把土地分给各级官员,然后各级官员再分给农民耕种。在孟子看来,实现仁政,必须先划分田地的界限。只有界限定了,才能做好“分田制禄”的工作。井田制是保证实现仁政的现实基础。因此,只有在给老百姓提供物质保障的前提下,统治者才能推行仁政。

3. “王道”和“霸道”

在孟子那里,“仁政”也被称作“王道”,其是与“霸道”相对应的。所谓“王道”,就是“以德行仁”,这样的政治能够令人心悦诚服。所谓“霸道”,就是通过外在的权力让人服从,这是不得已的服从。如果老百姓的力量达到了就会推翻其统治。

4. “民贵君轻”

孟子提出了“民贵君轻”的思想。他说:“民为贵,社稷次之,君为轻。”在一个国家中,民众是最重要的,其次是社稷,最后才是君主。因此,得到民众的拥护就能成为天子。

第二部分　课后习题详解

1. 试述孟子的性善论。

答:孟子对于儒学最大的贡献就在于其所提出的“性善论”。孟子认为,人之所以能够与动物相区别,就在于人具有与动物不一样的特性。人与动物所不一样的地方并不是很多,仅仅在于“几希”的那一点点。这“几希”的一点点也就是他所说的“性善”。孟子认为,“性善”是人之为人的根据,如果失去这一点,就与动物没有什么区别了。

就人的实际情况来看,人性是可以行善的。如果所做不善,并不是本心造成的。这种“性善”是人本身固有的,不是外在强加于人的。其具体表现为“四心”,即恻隐之心、羞恶之心、恭敬之心、是非之心,分别对应仁、义、礼、智“四德”。如果无此“四心”,则人就不能称作人。因此,孟子又说:“君子所性,仁义礼智根于心。”

2.试述孟子的道德修养论。

答:在孟子看来,性善虽然是人天生就具有的、不学而能的道德属性,但由于受到后天各种因素的影响,这种道德属性并非人一直所能保持的。

如果人丧失其道德属性,那么就应该“求其放心”,即把已经丢失的本心寻求回来,具体途径是仁和义。对于这种本心的寻求,并不需要从外部入手,而是从内在的本心出发。保存其本心,就可以保养其善良的本性,从而也就可以“事天”。因此,孟子认为寻求本心是主动的、内在的。在孟子看来,寻求本心的具体途径是激发、扩充其内在的仁、义、礼、智等道德属性。

在“求其放心”的过程中,孟子特别强调“思”的作用。“思”不仅能够寻求其丢失的本心,而且可以通达“天道”。除了重视“思”外,孟子还强调减少欲望是“养心”的最好方式。在道德修养上,孟子还讲“养气”。所谓“养气”,就是培养人内在的作为精神状态的“浩然之气”。这种“浩然之气”是一种含有道德属性的、无所不在的、至大至刚的气。这种气是通过内在的正义行为长期积累而成的,而不是仅仅通过偶然做一件符合正义的事情就能得到的。

3.试述孟子的政治思想。

答:在政治思想上,孟子继承和发展了孔子的“礼治”“德政”思想,提出了仁政思想。在孟子看来,仁政是建立在仁心的基础之上的。“不忍人之政”也就是“仁政”。仁心是实现仁政的前提。也就是说,只有有了仁心,才可以实现仁政。仁心是人人具有的道德品质,统治者也不例外。如果统治者能把这种仁心运用到治理国家上,就是仁政。

孟子认为,仁政的实现要从井田制开始。实现仁政,必须先划分田地的界限。只有界限定了,才能做好“分田制禄”的工作。如果界限不正,则会产生分配不均等社会矛盾。井田制是保证实现仁政的现实基础。因此,只有在给老百姓提供物质保障的前提下,统治者才能推行仁政。

孟子还看到了老百姓在国家治理中的重要作用,提出了“民贵君轻”的思想。在一个国家中,民众是最重要的,其次是社稷,最后才是君主。因此,得到民众的拥护就能成为天子。

第三部分　典型习题详解

一、选择题

关于孟子的道德修养论,说法不正确的是(　　)

A. 性善是人天生就具有的,人们可以一直保持

B. 如果人丧失其道德属性,那么就应该“求其放心”

C. 寻求本心的具体途径是激发、扩充其内在的仁、义、礼、智等道德属性

D. “养气”就是培养人内在的作为精神状态的“浩然之气”

【解析】性善虽然是人天生就具有的、不学而能的道德属性,但由于受到后天各种因素的影响,这种道德属性并非人一直所能保持的。

【答案】A

二、填空题

1. 孟子的“四心”是指________、________、________、________。孟子所说的“君子三乐”是指________;________;________。(取自《尽心上》)

2. 孟子极力批判杨朱、墨翟两家的思想,他说:“杨氏________,是无君也;墨子________,是无父也;无父无君,是禽兽也。”(取自《滕文公下》)

【答案】1. 恻隐之心　羞恶之心　恭敬之心　是非之心　父母俱存,兄弟无故,一乐也　仰不愧于天,俯不怍于人,二乐也　得天下英才而教育之,三乐也
2. 为我　兼爱

三、名词解释

“四德”

答:“四德”即仁、义、礼、智。在“四德”之中,仁、义是根本,礼、智是从属。而仁、义二者之中,仁又是根本,仁是“人心”,义是“人路”。因此,在孟子思想中,仁是可以包含其他“三德”的。

第六章 《易传》的哲学

第一部分 考点归纳

《易传》是对《易经》的注释和解说。狭义的《易经》本是原始占筮资料的汇编,成书于西周初年。《易经》成书以后,不断有人对其进行注释和解说,到了战国时期,这些注释和解说被编纂成书,其中的《彖》《象》《文言》《系辞》《说卦》《序卦》《杂卦》七种十篇得以流传至今,这就是《易传》。广义的《易经》或《周易》,也包括"十翼"。相对于《易经》来说,《易传》的哲理性内涵更为丰富和显著。

一、"变"的哲学:阴阳交感论 ★★★

1."大衍筮法"

《易经》原来所使用的占法,后人根据《易传》的解说,称之为"大衍筮法",又简称"占筮""筮占"或"筮"。占筮程序中充满了变化或不确定性,但同时其中也有不变或确定性的因素。

2."变"的哲学

汉代易学文献《周易乾凿度》说:"'易'一名而含三义,所谓易也、变易也、不易也。"也就是说,《周易》中的"易"首先是指变化("变易也");其次是指变化中有不变("不易也"),亦即变化中有规律,或者说有规律性的变化;最后是指变化因有不变而又显得简易("易也")。

(1)天地的变化

以乾坤两卦象征天地,包括人在内的万物处于天地之间,且充满了各种不断的变化,即所谓"天地设位,而易行乎其中矣"(《系辞上》)。

(2)人的变化

在天地万物之中,人自身就有各种变化,比如男女结合而孕育新生命以及个体出生后的成长。

(3)四季的变化

在人之外的天地万物中,最引人瞩目的变化就是日月运行及其引起的昼夜交替和四时周转,所以《易传》说"法象莫大乎天地,变通莫大乎四时,悬象著明莫大乎日月"(《系辞上》)。

3."阴阳"

"阴阳"的本义是指日光的向背,即向日为阳,背日为阴,后来引申为山南、水北为阳,山北、水南为阴。到了春秋战国时期,又引申为具有对立统一性的二元因素。《易传》中关于各种二元因素的论述更多,体现了丰富的辩证法思想,尤其是"阴阳"成为其中的核心和基础概念,以致有"《易》以道阴阳"(《庄子·天下》)之说,也就是把《周易》看成一部讨论"阴阳"的典籍。

4."感"

《易传》用"感"来说明阴阳造成事物变化的途径或方式,这主要见于对《易经》咸卦的解说。"咸"被解释为"感",有交感、感应、感通、感化、感动等含义,比如男女交感而生出子女,天地感应而化生万物,圣人感化人心而使天下和谐太平,所以通过观察"感"的各种情形,可以了解包括人在内的天地万物的最普遍而有规律的变化。

二、时位论 ★

阴阳交感而发生的变化离不开一定的时空条件,特定的时空条件制约着事物的具体变化,《易传》把这样的时空条件称为"时""位"。《易经》的卦序和爻位,已经体现了初步的"时""位"意识。

《易经》的六十四卦以乾、坤两卦开始,以既济、未济两卦结束,正是象征了天地万物的生成或变化在时间上没有穷尽。"时"与"位"错综交织、难解难分,事物处于特定的时机或时势,同时也处于一定的空间位置或社会位次。

三、天人论 ★★

先秦哲学尤其是诸子学说,都有非常强烈的现实关切和人文情怀。《易传》

对天人之道的论述,已经形成了一种哲学思维和话语的模式,即往往基于天地之道而推阐人事之道,用《四库全书总目》的话说,就是“推天道以明人事”。比如对“时”的重视,是因为古人最初的时间意识和观念就是从天象和物候中产生的,进而又被归纳为历法。对“位”的强调,也是由于古人最根本的位次意识和观念就是效法和取象于天地之间的空间关系。

(1)天行健,君子以自强不息。地势坤,君子以厚德载物。

(2)地上有水,比;先王以建万国,亲诸侯。天地交,泰;后以财成天地之道,辅相天地之宜,以左右民。

第二部分 课后习题详解

1.如何理解《易传》中“阴阳”和“感”的含义及其相互关系?

答:“阴阳”的本义是指日光的向背,即向日为阳,背日为阴,后来引申为山南、水北为阳,山北、水南为阴,到了春秋战国时期,又引申为具有对立统一性的二元因素。《易传》中关于各种二元因素的论述更多,体现了丰富的辩证法思想,尤其是“阴阳”成为其中的核心和基础概念,以致有“《易》以道阴阳”(《庄子·天下》)之说,也就是把《周易》看成一部讨论“阴阳”的典籍。

《易传》用“感”来说明阴阳造成事物变化的途径或方式,这主要见于对《易经》咸卦的解说。“咸”被解释为“感”,有交感、感应、感通、感化、感动等含义,比如男女交感而生出子女,天地感应而化生万物,圣人感化人心而使天下和谐太平,所以通过观察“感”的各种情形,可以了解包括人在内的天地万物的最普遍而有规律的变化。

由此可见,《易传》的具有辩证法意味的阴阳交感论,不仅解释了《易经》的整体编排和内部关系,而且把包括人在内的天地万物都看成了一个具有生命关联的有机整体,是一种朴素而又深刻的生命哲学。

2.如何理解《易传》中“时”和“位”的含义及其相互关系?

答:阴阳交感而发生的变化离不开一定的时空条件,特定的时空条件制约着事物的具体变化,《易传》把这样的时空条件称为“时”“位”。“时”,既是流动的时间,又是动中有静、静中有动的时势;“位”,既指事物在空间中的具体位置,以及不同位置之间的关系所呈现的位次,又指卦中的爻位;“时”与“位”,是错综交织、难解难分的。《易经》的卦序和爻位，已经体现了初步的“时”“位”意识。《易经》的六十四卦以乾、坤两卦开始，以既济、未济两卦结束，正是象征了天地万物的生成或变化在时间上没有穷尽，这是《序卦》已经指出的。从卦象上看，六十四卦中的相邻两卦，要么完全颠倒，要么完全相反，也有既颠倒又相反的；从卦名上看，按《序卦》的解说，六十四卦的次序也体现了事物发展过程中的不同时势和位次。

3.《易传》中的天人论有什么哲学意义？

答：《易传》对天人之道的论述，已经形成了一种哲学思维和话语的模式，即往往基于天地之道而推阐人事之道，用《四库全书总目》的话说，就是“推天道以明人事”。比如：

（1）对“时”的重视，是因为古人最初的时间意识和观念就是从天象和物候中产生的，进而又被归纳为历法，即《易传》所谓“治历明时”（《大象》释革卦），所以“及时”或“与时偕行”“与时消息”，就是顺应天道，也就是“奉天时”（《文言》释乾卦）、“承天而时行”（《文言》释坤卦）、“应乎天而时行”（《彖》释大有卦）；

（2）对“位”的强调，也是由于古人最根本的位次意识和观念就是效法和取象于天地之间的空间关系，即“法象莫大乎天地”（《系辞上》），亦即“天地设位”（同前）、“天地定位”（《说卦》）。

（3）《大象》中，“天行健，君子以自强不息。地势坤，君子以厚德载物”意思是君子应效法天道，奋发图强、有为不止；也应效法大地，增厚德行、容载万物。“地上有水，比；先王以建万国，亲诸侯。天地交，泰；后以财成天地之道，辅相天地之宜，以左右民。”即君主（即“后”）取象于此，裁节促成天地交通之道，辅助扶持天地化生之宜，以此来佐治保佑民众。

第三部分 典型习题详解

一、选择题

“天行健，君子以自强不息。地势坤，君子以厚德载物”是《易传》中流传较广的句子。下列说法最不符合这一思想的是（ ）。

A. 君子之所以要自强不息和厚道包容，乃因这是天地的法则

B. 体现了《易传》所建构的基于天地之道推阐人事之道的思维模式

C. 体现了《易传》“天人感应”的思想

D. 这是《易传》天人理论的典范表达

【解析】这句话主要强调君子应效法天地之道，自强不息、厚德载物，并未直接体现“天人感应”的思想。“天人感应”通常指天与人之间的相互影响和感应，而该句更侧重于从天地的法则中推导出人事之道。故C项表述有误。

【答案】C

二、填空题

1.《汉书·艺文志》认为《周易》的成书“人更三圣，世历三古”，三圣是指________、________、________；三古是指________、________、________。

2. 天行健，________________。地势坤，________________。

【答案】1. 伏羲　文王　孔子　上古　中古　下古　2. 君子以自强不息　君子以厚德载物

三、名词解释

1. 一阴一阳之谓道

答：一阴一阳之谓道是指阴阳两个方面、两种力量的相反相成、相互推移，是构成事物的本性及其运动的法则。《易传》认为，宇宙万物都处于永不停息的生化过程中，一切生化过程都是由阴阳二气的交合变化引发的，因此都有规律可循，故曰“一阴一阳之谓道”。

2. 形而上者谓之道

答：形而上者谓之道是指阴阳及其“道”的存在和变化都是不露形迹的。《系辞上》中记载：“形而上者谓之道，形而下者谓之器。”在中国哲学史上，《易传》提出的“形而上”与“形而下”、“道”与“器”这两对概念，逐渐被哲学家发展为表述抽象与具体、本质与现象、本源与派生物的范畴。汉唐以来的哲学家对“形而上”和“形而下”的关系展开了长期的辩论。

四、简答题

谈谈《易传》的人性论与修养论的特点。

答：(1)《易传》的人性论特点：

①《易传》继承了儒家“修人道以证天道”和“明天道以弘人道”的传统，统一天道与人道。“一阴一阳之谓道，继之者善也，成之者性也。”“成性存存，道义之门。”(《系辞上》)

②天地阴阳之气使得万物得以生长，人承接天地之气，继承“道”而参赞天地万物，即为善，成就天道的事业恰恰是人之本性。

③将天地之善道存之又存，道义正是从这里出来的。

在人性论上，这表明人的善性源自天道和宇宙生生之德，同时还强调了人的后天努力，有效法天道和扩充善性的双重含义。

(2)《易传》的修养论特点：

①《易传》主张君子应当效仿天地：“天行健，君子以自强不息。地势坤，君子以厚德载物。”与天地之德相匹配。

②《易传》强调人要在活动之中崇德广业和进德修业。“夫《易》，圣人所以崇德而广业也。”

③《易传》赞同与促进人间的事业，重视“化而裁之谓之变，推而行之谓之通，举而错之天下之民谓之事业”。意思是说要顺应客观规律，把握契机，适当加以裁断，或修订、改变定制，使之合宜，加以会通，将这些政策和成果用于百姓，这便成为事业。

这都充分表明了儒家努力提高德行、智慧，积极有为地开创有利于老百姓的事业的思想。所以，《易传》的修养论是开拓式的，是德业双修的理路。

第七章 庄子的哲学

第一部分 考点归纳

庄子(约前369—前286),名周,生活于战国中期,是老子之后道家最为重要的代表人物。《汉书·艺文志》著录"《庄子》五十二篇"。今本《庄子》共三十三篇,是西晋郭象删减后的版本,包括内篇七篇、外篇十五篇和杂篇十一篇。一般认为,《庄子》一书是庄子学派的作品集。

一、"自本自根"的道论 ★

庄子强调道"自本自根,未有天地,自古以固存","道"自己为自己的本根,"道"之外没有"道"的根据;道"自古以固存",没有由"无"至"有"而产生的过程。

(1)《齐物论》讲:"有有也者,有无也者,有未始有无也者,有未始有夫未始有无也者。俄而有无矣,而未知有无之果孰有孰无也。"

(2)《知北游》中明确提出"物物者非物"的命题:"有先天地生者物邪?物物者非物,物出不得先物也,犹其有物也。犹其有物也无已!"

(3)《知北游》篇还讨论了道"恶乎在"的问题。庄子提出"道在哪里"的提问本身就有问题。说在哪里,不在哪里,只是对物而言的;道是不局限在一个地方的,是无所不在的,所以天地万物中都有道的存在。

二、齐物论 ★★★

1.《齐物论》

《齐物论》是《庄子》书中极为重要但也复杂难解、争议不断的一篇,关于其标题，主要有“齐——物论”“齐物——论”两种理解。一般认为两种解读都有文本依据，可以看作“齐物论”的两个层次。

2.“成心”

庄子认为，人们之所以对事物有不同的是非判断是因为每个认识主体都有“成心”。无论是聪明之人还是愚笨之人，作为认识主体，在认识活动发生之前，就已经有了“成心”。每个人的“成心”不同、立场不同，因而对相同的事物会产生不同的是非判断，并都肯定自己而否定他人，于是引起无穷的争论，此即“因是因非，因非因是”“以是其所非，而非其所是”。

3. 否定“是”“非”标准

庄子否定存在适用于所有物的共同标准，就是说，我们无法以一个确定的标准来判定每个事物的“是”和“非”，那么，就没有一个标准的“是”和“非”来衡量不同的认识主体对事物不同的是非判断的真伪、正误，如此，“知”与“不知”也就不能确定。

4. 承认差别

《齐物论》中又讲道：“物固有所然，物固有所可。无物不然，无物不可。”即一切事物都有着各自的存在状态，一切事物都有它应该被认可之处。因此，我们应该抛弃由“成心”出发而形成的对人、事、物的各种是非判断，而将万物千差万别的本来状态呈现出来。

5. 互为“彼”“此”

在物的世界中，事物之间都互为“彼”“此”。从自己的角度看，自己是“此”，他物为“彼”。若以他物为“此”，则他物以外的他者也是“彼”。而且，事物本身都处于不断变化的过程中，随起就随灭，随灭就随起，事物的任何性质和存在状态都是暂时的、相对的。也可以说，事物之间的差别和对立没有确定性。

6. 人认识的层次

庄子在《齐物论》中将人的认识分为不同的层次：最高层次的认识是对“未始有物”的“道”的体认；其次是认识到有物存在，但是物与物之间没有分界；再次是认识到物与物之间的分界，但并未对物进行是非判断；及至对物有了是非判断，道就已经亏损了。世俗之人执着于对万物的是非判断和是非之争，就处于“是非之彰，道之所以亏”这一层次。

三、“逍遥游”的人生境界 ★★★

1.“小大之辩”

《逍遥游》描写了大鹏飞往南冥的宏大场面，而小鸟不能理解大鹏，嘲笑大鹏“奚以之九万里而南为”“彼且奚适也”，庄子提出这就是“小大之辩”。在庄子看来，世俗追求“己”“功”“名”的认识和境界是“小”，而他所提倡的“无己”“无功”“无名”的认识和境界为“大”。

2.“逍遥游”

世俗之人在对“己”“功”“名”的追求中丧失了精神的自由，而被外物所控制。庄子提出“小大之辩”，倡导世人应实现从小到大的心灵转化。人心摆脱外物的束缚而获得的精神自由就是庄子著名的“逍遥游”。庄子的无为偏重于精神的逍遥自在，超越世俗世界而遨游于与道同一的奇妙境界。

3.精神修养方法

庄子提出了“心斋”“坐忘”“见独”等精神修养方法。

“心斋”:心灵的斋戒。它废弃人的感觉器官的作用，停止心的思维功能，“徇耳目内通而外于心知”，内心达到完全空虚的状态，“道”就能进入此心中。

“坐忘”:要达到与“道”合一的境界，首先要忘掉仁义，进而忘掉礼乐，进而停止耳目等感觉器官对外物的感知和心灵对外物的分别。这样就可以超越是非的对立，消除物与物、人与物的界限，从而与大道融通为一。

“见独”:持守三日能遗忘天下，七日能不为物累，九日能看破生死。此时就能够心灵清明洞彻，而后能体悟绝对的道。体道后就能够达到超越时空与生死的境界。在庄子看来，天下、万物是束缚人心灵的外部因素，生死是扰乱人心灵的内在因素，只有排除所有干扰心灵宁静的因素，才能体悟绝对的道。

第二部分　课后习题详解

1.谈谈《庄子》对老子道论的继承与发展。

答:老子认为“道”是万物的本原，是无为无形的真实存在，具有普遍性和超越性，不能以感官来认识。庄子强调道“自本自根，未有天地，自古以固存”，而老子的道是“先天地生”，既然有生，就有未生之时，在“道”之先就仍有更根本的存在产生“道”，作为“道”的本根。为了解决这一问题，庄子明确提出“道”自己为自己的本根，“道”之外没有“道”的根据；道“自古以固存”，没有由“无”至“有”而产生的过程。

《知北游》中明确提出“物物者非物”的命题：“有先天地生者物邪？物物者非物，物出不得先物也，犹其有物也。犹其有物也无已！”这明显可与老子“有物混成，先天地生”的思想相对照。此处“有先天地生者物邪”的提问正是来自对老子思想的质疑。先天地产生的“物物者”指“道”，使物成为物的只能是非物，如果在天地之先有物产生，它本身就是一物，不可能在物之先。因此，道作为“物物者”不能是物。

2. 解析庄子的齐物思想。

答：庄子所处的时代社会动乱，思想界则是百家争鸣。庄子认为，人们之所以对事物有不同的是非判断是因为每个认识主体都有“成心”。《齐物论》讲：无论是聪明之人还是愚笨之人，作为认识主体，在认识活动发生之前，就已经有了“成心”。每个人均以“成心”为师，执一己之偏，也就有了是非判断的存在。

在庄子看来，物本无是非，就似比竹本是空虚，没有情感；人从“成心”出发、从“我”的立场出发对事物进行是非的判断，就似演奏者利用比竹奏出不同的乐声，表达不同的感情。每个人的“成心”不同、立场不同，因而对相同的事物会产生不同的是非判断，并都肯定自己而否定他人，于是引起无穷的争论，此即“因是因非，因非因是”“以是其所非，而非其所是”。

《齐物论》中又讲道：“物固有所然，物固有所可。无物不然，无物不可。”即各个事物虽然千差万别，但都有各自存在的价值和合理性，没有事物可以被完全否定，这是对万物平等的承认。因此，我们应该抛弃由“成心”出发而形成的对人、事、物的各种是非判断，而将万物千差万别的本来状态呈现出来。

在物的世界中，事物之间都互为“彼”“此”。从自己的角度看，自己是“此”，他物为“彼”。若以他物为“此”，则他物以外的他者也是“彼”。而且，事物本身都处于不断变化的过程中，随起就随灭，随灭就随起，事物的任何性质和存在状态都是暂时的、相对的。也可以说，事物之间的差别和对立没有确定性。

3. 谈谈你对“逍遥”的理解。

答：《逍遥游》描写了大鹏飞往南冥的宏大场面，而小鸟不能理解大鹏，嘲笑大鹏“奚以之九万里而南为”“彼且奚适也”,庄子提出这就是“小大之辩”。在庄子看来,世俗追求“己”“功”“名”的认识和境界是“小”,而他所提倡的“无己”“无功”“无名”的认识和境界为“大”。

世俗之人在对“己”“功”“名”的追求中丧失了精神的自由,而被外物所控制。庄子提出“小大之辨”,倡导世人应实现从小到大的心灵转化。人心摆脱外物的束缚而获得的精神自由就是庄子著名的“逍遥游”。庄子的无为偏重于精神的逍遥自在,超越世俗世界而遨游于与道同一的奇妙境界。

第三部分　典型习题详解

一、选择题

世俗之人在对“己”“功”“名”的追求中丧失了精神的自由,而被外物所控制。庄子主张精神的逍遥自在,希冀超越世俗世界而遨游于与道同一的奇妙境界,因此,他说(　　)

A. 天行健,君子以自强不息;地势坤,君子以厚德载物

B. 不以物喜,不以己悲

C. 至人无己,神人无功,圣人无名

D. 不义而富且贵,于我如浮云

【解析】A 出自《易传》,B 出自《岳阳楼记》,C 出自《逍遥游》,D 出自《论语》。

【答案】C

二、填空题

1.《汉书·艺文志》著录《庄子》五十二篇,现存《庄子》三十三篇,是晋人________所编,分为________、________、________三个部分。

2.《齐物论》是《庄子》书中极为重要的一篇,著名的________的故事即出自此。

3. 庄子提出的精神修养方法有________、________、________等。

【答案】1. 郭象　内篇　外篇　杂篇　2.“庄周梦蝶”　3. 心斋　坐忘　见独

三、名词解释

1.《齐物论》

答：《齐物论》是《庄子》书中极为重要但也复杂难解、争议不断的一篇，关于其标题，主要有"齐——物论""齐物——论"两种理解。前者的讨论对象是"物论"，即各种"是非"，后者的讨论对象则是"物"本身。一般认为两种解读都有文本依据，可以看作"齐物论"的两个层次。

2."庄周梦蝶"

答："庄周梦蝶"出自《齐物论》。庄子梦见自己变成了蝴蝶，非常真实快乐的样子，并不知道自己是庄周。当他醒来之时，知道自己是庄周而不是蝴蝶。在庄子思想中，"梦"与"觉"可以分别代表"真"与"伪"。人们都认为梦中为虚妄，觉时为真实，而庄子却认为当人有了大觉悟，才会发现我们以为的清醒和真实是虚假的。庄子在清醒之后，认为自己和蝴蝶一定是有分界的，这并非真实，而他在梦中所感受到的，自己变成了蝴蝶，才是世界的真实。他所要表达的正是自己与蝴蝶可以转化、会通的思想，就是他所说的"物化"。从根本上来看，我与蝴蝶本无分别，我与天地万物均是"一体"的。

第八章　惠施与公孙龙

第一部分　考点归纳

关于名实(形名)关系的讨论发端于春秋时期并在战国时期得到了充分的发展,成为各家各派广泛参与的名辩思潮。在《汉书·艺文志》所谓"名家者流"中,惠施和公孙龙最为著名。

一、惠施的"历物之意"★

惠施(约前370—前310),宋国人,曾任魏相,与庄子熟识并有较多的思想交流。《庄子·天下》篇有"惠施多方"一节,收入了惠施的"历物之意"十个命题,称为"历物十事",是了解惠施思想的主要材料。"历"意为分析、量度,"历物之意"意为分析事物的要点。

1. 至大无外,谓之大一;至小无内,谓之小一

惠施将"一"分为"大一"和"小一","大一"为"至大无外",即无限大,在它之外没有其他东西;"小一"为"至小无内",即无限小,在它之内没有任何东西。这是空间在宏观与微观两个方面的无限性。但惠施承认有"至大"和"至小",又承认了空间的有限性。所以说,这一命题体现出空间的有限性与无限性的统一。

2. 无厚,不可积也,其大千里

"无厚"的意思是没有厚度,没有厚度也就没有体积,但其面积却可以大到千里。"无厚者"从体积上讲是"无",但从面积上讲是"有",这一命题体现了"无"和"有"的相对性。"无厚不可积"是说无限小和无限小相加仍然是无限小,但无限小却可以积聚成千里之大。这一命题也体现了"小"和"大"的相对性与

统一性。

3. 天与地卑，山与泽平

这一命题是说天和地靠近，山和泽一样平，说明了事物在空间上的位置的相对性。

4. 日方中方睨，物方生方死

这个命题是说太阳在升到天之正中的那一刻就已经在偏斜，万物在它生长的同时也在走向死亡，体现了时间和事物运动的相对性。

5. 大同而与小同异，此之谓“小同异”；万物毕同毕异，此之谓“大同异”

惠施将同、异分为两种，一种为“小同异”，一种为“大同异”。这一命题体现了“同”和“异”的相对性。后人将惠施的这一理论称为“合同异”，并将惠施视作名家中的“合同异”一派。

6. 南方无穷而有穷

惠施认为南方既是无穷的，也是有穷的，二者并不互相排斥。南方作为一个特定的区域，是一个有限的概念，所以是有穷的。但南方的南方还有更南方，在这个方向上可以无限延伸，所以是无穷的。这一命题体现了有限和无限的统一性。

7. 今日适越而昔来

这一命题所讲的是时间的相对性，今日和昔日的差别是相对而非绝对的。今日相对于明日来说就是昔日，所以可以说今日到越国去昨日就已经到达。也可以联系“日方中方睨”来理解，时间转瞬即逝，今日转瞬之间就变成了昔日。

8. 连环可解也

这一命题可联系《庄子·齐物论》中的“其分也，成也。其成也，毁也”来理解。一个完整的“连环”就是“成”，而被分解的连环就是“毁”。一物之成，也是一物之毁，连环之成也是连环之毁，所以说“连环可解”。这一命题亦可看作“物方生方死”的具体化。

9. 我知天之中央，燕之北、越之南是也

这一命题所讲的是空间的相对性。从有限的空间来看，燕在北，越在南，天下之中央不可能在北边的北边和南边的南边。但从无限的空间来看，因为无限就无所谓中央,也可以说任何一点都是中央,所以说,天下的中央在燕国的北边、越国的南边。

10. 泛爱万物,天地一体

从万物"毕异"的角度看,万物各有其特点;从万物"毕同"的角度看,天地万物并无严格的界限和区分,本来为一整体。人处于这一整体之中,不应对天地万物加以分别,而应该"泛爱万物"。"泛爱"是普遍的、无差别的爱,不但要施加于人,而且要施加于物。

二、公孙龙的"离坚白" ★★

公孙龙(约前 320—前 250),赵国人,曾任赵惠文王、孝成王的相国。名实论和指物论是公孙龙名辩理论的主要内容,白马论和坚白论是具体的辩题,也是名实论和指物论的应用。

1. 名实论

《公孙龙子》中的《名实论》一篇集中探讨了名实关系问题。他认为:"夫名,实谓也。""名"是对"实"的称谓。他重视"名"和"实"的一致,解析了"实""位""正"等概念。强调"名"和"实"应该有一一对应的确定关系,一"名"不能称谓多个"实",不同的"实"应有不同的"名"称谓。概括来讲,公孙龙主张"名"与"实"应该相符,反对名实不当。

2. 白马论

"白马非马"是公孙龙的代表性论题,他关于"白马非马"的论述可以分为五个层次。

第一层次,从概念内涵的不同论证"白马非马"。

第二层次,从概念外延的不同论证"白马非马"。

第三层次,针对有颜色的马不是马,天下没有无色之马,则"天下无马"的提问作答论证。

第四层次,利用反证法,指出"有白马为有马"不成立。

第五层次,提出"马"和"白马"两个概念的根本区别,来论证"白马非马"。

"马"与"白马"是一般与个别的关系,公孙龙对"白马非马"的论证强调了一般与个别之间的区别,有其合理性,但忽视了一般和个别之间的联系。

3. 坚白论

“坚白论”也是公孙龙的代表性论题，甚至是名家和名辩思潮中的中心论题。从常识来看，“坚”和“白”作为石头的属性存在于石头之中，并没有独立存在的“坚”和“白”，公孙龙的“离坚白”则与此不同。

公孙龙提出不能说“坚”“白”和“石”是三个东西，可以说“坚”“白”和“石”是两个东西。公孙龙指出不同感官可以感知事物的不同属性，事物的不同属性是相互独立的，而不是相互包容的。

公孙龙又针对“坚白域于石，恶乎离”之问论证说：“石”是一个，“坚”和“白”是两个。“坚”和“白”是分离的。

假如“白”没有自性，如何能够使石头、物变成白色呢？如果“白”有自性，那就不需要依赖于具体的事物而存在了。“坚”亦如此。所以，“坚”“白”“石”三者是相离的关系。也因为对这一问题的阐发，公孙龙被视作名家中与惠施的“合同异”相对的“离坚白”一派。

第二部分　课后习题详解

1. 解析惠施的“泛爱万物，天地一体”思想。

答：这一命题是惠施思想的总结，也体现了惠施思想的价值倾向。从万物“毕异”的角度看，万物各有其特点；从万物“毕同”的角度看，天地万物并无严格的界限和区分，本来为一整体。人处于这一整体之中，不应对天地万物加以分别，而应该“泛爱万物”。“泛爱”是普遍的、无差别的爱，不但要施加于人，而且要施加于物。

2. 辨析公孙龙的“白马非马”论。

答：“白马非马”是公孙龙的代表性论题，他关于“白马非马”的论述可以分为五个层次。

(1)第一层次，从概念内涵的不同论证“白马非马”。“马”这一概念所规定的是事物的形体，“白”这一概念所规定的是事物的颜色。“马”只是形体的规定性，“白马”是“马”加上“白”，包含“形体”和“颜色”，二者的内涵不同，所以说，“白马”不是“马”。

(2)第二层次，从概念外延的不同论证“白马非马”。如果想要“马”，则黄马和黑马都可以满足要求，但是，如果要“白马”，则黄马和黑马就不能够满足要求。有黄马、黑马，则可以说有“马”，但不可以说有“白马”。“马”和“白马”两个概念的外延不同，“马”的外延可以包括黄马和黑马，但“白马”的外延小，不能包括黄马和黑马，所以说，“白马”不是“马”。

(3)第三层次，针对有颜色的马不是马，天下没有无色之马，则“天下无马”的提问，他回答：马本来就有颜色，所以才有白马。如果马没有颜色，就只有马而已，怎么会有白马呢？所以“白”和“马”不同，“白马”这一概念是“白”和“马”的结合，所以不是“马”。

(4)第四层次，利用反证法，指出“有白马为有马”不成立。如果以为“有马”不同于有“黄马”，就是以“马”不同于“黄马”。以“黄马”不同于“马”，就是以“黄马为非马”，这就和以“白马为有马”相矛盾。

(5)第五层次，提出“马”和“白马”两个概念的根本区别，来论证“白马非马”。“马”和“白马”的区别在于是否“去取于色”。“马”这一概念“无去取于色”，即不去除或选择某一颜色，对颜色没有要求；而“白马”有“去取于色”，即选择白色，而去除其他的颜色，所以，“白马”和“马”有区别。

“马”与“白马”是一般与个别的关系，公孙龙对“白马非马”的论证强调了一般与个别之间的区别，有其合理性，但忽视了一般和个别之间的联系。

3. 解析公孙龙的“坚白论”。

答：“坚白论”也是公孙龙的代表性论题，甚至是名家和名辩思潮中的中心论题。从常识来看，“坚”和“白”作为石头的属性存在于石头之中，并没有独立存在的“坚”和“白”，公孙龙的“离坚白”则与此不同。

公孙龙提出不能说“坚”“白”和“石”是三个东西，可以说“坚”“白”和“石”是两个东西。因为当感知到白色的时候没有感知到坚硬，是两者；当感觉到坚硬时感觉不到白色，也是两者。用眼睛看石头，只能看到石头的白色，而看不到石头的坚硬，所以说没有“坚”；用手摸的时候，只能摸到石头的坚硬而不能摸到石头的白色，所以说没有“白”。公孙龙指出不同感官可以感知事物的不同属性，事物的不同属性是相互独立的，而不是相互包容的。

公孙龙又针对“坚白域于石，恶乎离”之问论证说：“石”是一个，“坚”和“白”是两个。石头的坚和白有知道的，有不知道的，有看见的，有看不见的。知道的和不知道的是相互分离的，看见的和看不见的是相互隐藏的，所以说，“坚”和

“白”是分离的。他又提出：白色和坚硬是石头的两个属性，但并不专属于石头，而是一切白的事物和坚硬的事物所共有的属性。公孙龙又在“坚”和“白”可以自己藏起来的观点之上进一步推论：

假如“白”没有自性，如何能够使石头、物变成白色呢？如果“白”有自性，那就不需要依赖于具体的事物而存在了。“坚”亦如此。“白”可以不依赖于石头而“自白”，“坚”可以不依赖于石头而“自坚”，如此推论，“黄”“黑”等事物的属性都可以离开事物而自存。所以，“坚”“白”“石”三者是相离的关系。也因为对这一问题的阐发，公孙龙被视作名家中与惠施的“合同异”相对的“离坚白”一派。

第三部分　典型习题详解

一、填空题

1. 惠施的主要学术观点“历物十事”保存于________篇。

2.《公孙龙子》传世本仅存六篇，除________为门人辑录公孙龙生平事迹外，其他五篇都是公孙龙本人作品，包括________、________、________、________、________。

【答案】1.《庄子・天下》　2.《迹府》《白马论》《指物论》《通变论》《坚白论》《名实论》

二、简答题

简述惠施“合同异”的思想。

答：惠施是先秦名辩思潮中“合同异”一派的代表人物，他的“历物十事”主要论述了事物之间的异同关系，强调异同的相对性。

(1)“小同异”和“大同异”

惠施“历物十事”的第五个命题说：“大同而与小同异，此之谓‘小同异’；万物毕同毕异，此之谓‘大同异’。”惠施将同、异分为两种，一种为“小同异”，一种为“大同异”。

事物之间有“同”有“异”，“同”有“大同”，也有“小同”；同理，“异”也有“大异”和“小异”。“大同”则“小异”，“小同”则“大异”，这种事物之间或大或小的同异称为“小同异”。“大同异”则指万物的“毕同”和“毕异”。“毕同”体现了万物的共性,“毕异”体现了万物的个性。这一命题体现了“同”和“异”的相对性。后人将惠施的这一理论称为“合同异”,并将惠施视作名家中的“合同异”一派。

(2)泛爱万物,天地一体

惠施更为重视事物之间同异关系的相对性。从万物“毕异”的角度看,万物各有其特点,从万物“毕同”的角度看,天地万物并无严格的界限和区分,本来为一整体。人处于这一整体之中,不应对天地万物加以分别,而应该“泛爱万物”。

第九章 荀子的哲学

第一部分 考点归纳

荀子(约前 313—前 238),名况,又称“荀卿”“孙卿”或“孙卿子”,战国后期赵国人。荀子推究儒家、墨家、道家的成败得失,撰述了几万字的文章后辞世。一般认为,《荀子》一书大部分篇章为荀子作品,少数篇章是荀子弟子的记述。

一、“明于天人之分”的天人观 ★

荀子的“天”是“自然之天”,包括天、地以及天地所生的万物,也就是一般所说的自然界。他认为,自然的运动变化有着自己恒常的规律,这一规律不因为人和人的好恶而发生改变,“天行有常,不为尧存,不为桀亡”,“天有常道矣,地有常数矣”,“天不为人之恶寒也辍冬,地不为人之恶辽远也辍广”(《天论》)。

“天”有“天”的职分,“人”有“人”的职分,人不能争夺天的职分,即“不与天争职”。但“天”与“人”并非完全隔绝。天有自己的时令,地有自己的财富,人与天地相配合,遵守天的时令,利用土地提供的财富,从事社会治理和生产活动,这叫作“能参”。荀子特别重视人为的作用,强调人应该在认识自然规律、遵循和利用自然规律的基础上发挥人的能动性。

二、性恶论与“化性起伪”的教化论 ★★

1.“性”

荀子思想中的“性”包含不同的层次,又有不同的方面。荀子所理解的“性”

比较接近于告子的“生之谓性”。但是,“生之谓性”是直接将人的“生”而所有的状态看作“性”,也就是以“生之然”为“性”,而“生之所以然者谓之性”是将“生之然”的原因、根据作为“性”。这是“性”的第一层次的意义。第一层次的“性”感于外物而自然产生了第二层次的“性”,具体讲就是“情”以及“欲”。荀子还将人感官和心的认识能力也归为“性”。眼睛可以看到事物,耳朵可以听见声音,眼睛的视力和耳朵的听觉不可能通过学习得到,属于人生而所有,不可学、不可事的“性”。

2.“人之性恶”

荀子认为顺从情欲之性产生的行为后果正是“偏险而不正,悖乱而不治”,根据“正理平治”和“偏险悖乱”的善恶标准可以判定人的情欲之性为“恶”。可见荀子对情欲之性为“恶”的判断依照的是顺性的行为后果和他本人的善恶标准。

3.“化性”

荀子主张对恶的情欲之性进行矫治,这就是“化性”的问题。圣人的“化性”在礼义法度创制之前,而众人之“化性”则需要圣人所创制的礼义法度。人的好利欲得的本性为恶,顺从本性,人们会为了满足自己的情欲而互相争夺,即使兄弟亦不可免,从而带来混乱和暴虐。这样的人性需要由外在的行为规范去约束、引导、扰化,圣人所创制的礼义法度就能起到这样的“化性”作用,使人与人能够互相辞让而不争,人的行为能够合乎礼仪的规定,从而出现社会的治平,这样就能够合于“道”和“善”的标准。

三、“隆礼至法”的治国论 ★

人类社会最重要的区别就是等级名分,而“礼”是等级名分的制度规定。礼同时具有两个方面的功能:一方面,可以满足人生来就有的欲望;另一方面,可以区分上下、贵贱、尊卑、长幼的等级,通过等级的区分来节制人的欲望。

(1)“礼者,人道之极也。”“礼”是人道的最高标准。

(2)“国之命在礼。”礼也是治国的根本,为政的前提。

(3)“礼义者,治之始也。”“礼”是决定天下、国家治乱的关键。

(4)“法者,治之端也”,“隆礼至法,则国有常”。法,是治国的开端,尊崇礼义，使法制完善，国家就会有秩序。

(5)“礼法之枢要”“礼法之大分”，将礼法并举或连用。

(6)“《礼》者，法之大分、类之纲纪也。”“礼”高于“法”，“礼”是“法”的总纲或指导原则。

(7)“隆礼尊贤而王，重法爱民而霸。”称王天下是通过“礼”实现的，而以法治国至多只能称霸诸侯。

四、“解蔽”与“正名”的认识论 ★★

1.“解蔽”

在认识问题上，荀子认为，人天生具有认识事物的能力，而客观事物本身是可以被认识的。但是，人们在认识中容易被蒙蔽，荀子将这些影响正确认识的因素称为“蔽”，欲望、厌恶会造成蒙蔽，只看到开始、只看到终结、只看到远处、只看到近处都会造成蒙蔽，学识渊博和学识浅薄都会造成蒙蔽，只了解古代和只了解现代都会造成蒙蔽。

因此，想要获得正确的认识就需要“解蔽”，而“解蔽”的方法就是“心”的“虚壹而静”。所谓的“虚”，就是不让心中已经储藏的知识去妨害将要接受的知识；所谓的“一”，就是不让对那一事物的认识来妨害对这一事物的认识；所谓的“静”，就是不让做梦和烦乱的想象扰乱认识。

2.“正名”

荀子有著名的《正名》篇，他将名分为“刑名”“爵名”“文名”“散名”。“散名”是加诸万物和各种人事之上的“名”，荀子集中探讨了“散名”的问题，详细论述了为何需要命名(“所为有名”)，命名的根据(“所缘以同异”)与制名的关键(“制名之枢要”)等问题。

荀子认为“制名以指实”，就可以明贵贱，别同异，这是需要命名的原因。制定不同的名称的依据来自“天官”，即人天生具有的感官。人天生的感官具有共同的生理基础，对相同事物的感觉相同，因此以“名”大致地模拟事物人们就可以通晓。

因为人的感官和心灵对相同的事物有相同的感知，对不同的事物有不同的感知，所以，相同的事物就有了相同的“名”，不同的事物就有了不同的“名”。他认为“名”来自人们的感官和心灵对事物的共同感知基础上的约定俗成,这些就是制定名称的关键。虽然名的制定并非非此不可,但是一旦约定俗成,名与实的关系确定,则不可随意变乱。

第二部分 课后习题详解

1.辨析荀子的天人观。

答:荀子的“天”是“自然之天”,包括天、地以及天地所生的万物,也就是一般所说的自然界。他认为,自然的运动变化有着自己恒常的规律,这一规律不因为人和人的好恶而发生改变,“天行有常,不为尧存,不为桀亡”,“天有常道矣,地有常数矣”,“天不为人之恶寒也辍冬,地不为人之恶辽远也辍广”(《天论》)。既然自然的运动变化不因人而改变,那么,自然现象就不会是人世治乱的反映,也不是上天对人的惩罚,更不会预示吉凶。

荀子认为“天”和“人”即“自然”和“人为”有不同的职分,这就是“天人之分”,而“明于天人之分,则可谓至人矣”(《天论》)。“天”有“天”的职分,“人”有“人”的职分,人不能争夺天的职分,即“不与天争职”。但“天”与“人”并非完全隔绝。

天有自己的时令,地有自己的财富,人与天地相配合,遵守天的时令,利用土地提供的财富,从事社会治理和生产活动,这叫作“能参”。荀子特别重视人为的作用,强调人应该在认识自然规律、遵循和利用自然规律的基础上发挥人的能动性。荀子反对消极地尊崇、顺应自然。

2.比较荀子的“性恶论”与孟子的“性善论”。

答:(1)荀子认为道德是后天习得的,是经过人的思虑的积累、官能的反复运用然后形成的行为规范。礼义是圣人制定的,人们通过学习和践行才能变为道德品质。

(2)孟子是理想主义者,荀子是现实主义者。孟子言性善,乃谓人之所以为人的特质是仁、义、礼、智四端。荀子言性恶,是说人生而完具的本能行为中并无礼义;道德的行为皆必待训练方能成功。

(3)孟子所谓性,与荀子所谓性,实非一事。孟子所注重的,是性须扩充;荀子所注重的,是性须改造。因此,在人性论上,二者一人主张性善,一人主张性恶。

3. 解析荀子的礼法观念。

答：荀子认为人类社会最重要的区别就是等级名分，而“礼”是等级名分的制度规定。

礼同时具有两个方面的功能：一方面，可以满足人生来就有的欲望；另一方面，可以区分上下、贵贱、尊卑、长幼的等级，通过等级的区分来节制人的欲望。

“礼”是人道的最高标准；是治国的根本，为政的前提；是决定天下、国家治乱的关键。天下、国家重视“礼”、遵从“礼”就能得到治理、安定、存续，怠慢“礼”、不遵从“礼”就会混乱、危险甚至灭亡。

荀子在尊崇“礼”的同时，也重视“法”的作用，《君道》篇讲“法者，治之端也”，“隆礼至法，则国有常”。法，是治国的开端，尊崇礼义，使法制完善，国家就会有秩序。荀子常将礼法并举或连用，有“礼法之枢要”“礼法之大分”（《王霸》），“故学也者，礼法也”（《修身》）的提法。但他认为“礼”高于“法”，“礼”是“法”的总纲或指导原则，“《礼》者，法之大分、类之纲纪也”。

第三部分　典型习题详解

一、选择题

荀子认为，自然的运动变化有着自己恒常的规律，这一规律不因为人和人的好恶而发生改变。下列句子没有表达这一思想的是（　　）

A. 天行有常，不为尧存，不为桀亡

B. 天有常道矣，地有常数矣

C. 天不为人之恶寒也辍冬，地不为人之恶辽远也辍广

D. 自知者不怨人，知命者不怨天

【答案】D

二、填空题

1. 人与天地相配合，遵守天的时令，利用土地提供的财富，从事社会治理和生产活动，这叫________。

2.荀子认为,“人之所以为人”的独特性并非在于情欲之性,而在于人________、________、________。

3.《荀子·王霸》所说的五霸(五伯)指________、________、________、________、________。

【答案】1.“能参” 2.“有辨” “有义” “能群” 3.齐桓公 晋文公 楚庄王 吴王阖闾 越王勾践

三、简答题

谈谈荀子“礼论”的意义。

答:(1)性恶论是礼论的基础。正因为人性本恶,所以才需要以礼义、法治来教育、改造和制约人性。

(2)人们正当的物质欲求必须满足,但财富毕竟有限,因此只能按社会名分等级来确立消费的多寡,以解决欲求无限和生活资料有限的矛盾。

(3)人们的生存离不开社会,一个社会的组成及其秩序化,靠社会分工和等级名分制度。礼、义则是维系一个社会正常运转的纽带。

(4)礼可以节制人们情感的表达,兼而用之,及时行动,交互为用。荀子的礼论又是与乐论相结合的,礼乐不仅调节人们的物质需求,而且满足人们的精神需求。

(5)礼综合了宗教、政治、伦理和艺术、美学的价值,对于稳定社会、调治人心、提高生活品质都有意义与价值。

第十章　韩非子的哲学

第一部分　考点归纳

韩非(约前280—前233)生活于战国末期,历经韩釐王、韩桓惠王、韩王安三个国君在位的时代。为了改变韩国内政混乱、外遭侵凌、国土日削、濒于危亡的困境,他多次上书韩王表达自己的强国思想,但都未能见用。失望的韩非发愤著书,写成了《孤愤》《五蠹》《内储》《外储》《说林》《说难》等文章。《韩非子》共五十五篇,基本上能够代表韩非的思想。

一、"道稽万理"的道理论 ★

1. 韩非的"道"

老子提出"道"是万物的本原,天地万物以"道"为来源,也以"道"为根据。韩非继承了"道"的本原义,并详细阐述了"道"与万物的关系。

首先,韩非承认"道"为"万物之始"。"道"是宇宙的开端,也是万物的来源。其次,韩非认为"道"是天地万物得以形成并呈现其现有存在状态的原因和根据。最后,"道"不仅是万事万物生、成的根据,也是万物死亡和万事衰败的根据。

2. "道"和"理"的关系

"道者,万物之所然也,万理之所稽也。理者,成物之文也。道者,万物之所以成也。"韩非子认为"道"是万物得以生成并具有现有形态、样貌的原因、依据。"理"是物在形体上的各种规定性,"理"使不同的事物相区别,可以说,万物之"理"是万物之"然"的主要方面。因为"道",万物有了各自的形态、样貌,也就拥有了各自的“理”,万物之“理”与“道”相合。

同时,韩非提出“万物各异理,而道尽稽万物之理”。“道”是万物形成以及各有其“理”的根据,而万物之“理”是“道”在“物”的体现,“道”与“理”具有双向的一致性(“稽”与“所稽”)。“理”是事物特殊的形式和规律,每一事物具有各自不同的、确定的“理”,而“道”是一事物具有特定形式和规律的原因和根据,它与具体事物的不同的形式和规律相合,所以“不得不化”。

二、好利、自为的人性论 ★

《解老》讲:“人无愚智,莫不有趋舍。”“趋舍”即取舍,引申为好恶。韩非认为无论是愚笨之人还是聪明之人,都有好恶。具体来看,就是好利恶害、就利去害、恶劳乐逸。“自为”出自《慎子》,意为自己打算,是自利、为己的意思。概括来讲,韩非所持的是好利、自为的人性论。

(1)韩非认为在现实社会中有的人和有的行为被评价为善,有的人和有的行为被评价为恶,但实际上所谓的善人和恶人都是好利、自为之人,所谓的善的行为和恶的行为都是源于行为者的好利本性。

(2)韩非并不认为“好利恶害”“自为”为恶,也就不要求改变人的这一本性,而主张“因人情”,即顺应和利用人的好利、自为的本性。

(3)韩非认为承认人好利、自为的本性,可以建立人与人之间的互利合作关系,而否认这一点,要求别人利他,则会带来人与人之间的矛盾。

(4)好利、自为的人性论是韩非法治主张的基础。韩非认为要依据人的好利、自为本性制定赏罚制度。要治理好天下,必须凭借和利用人好利恶害的本性。因为人有好恶,喜好利禄而厌恶刑罚,所以奖赏和刑罚就可以发挥其激励和禁止的作用。

三、“世异则事异”的历史观 ★

1.“三世说”

关于历史的变化,商鞅有“上世”“中世”“下世”的“三世说”,韩非在《五蠹》中也提出了类似的“三世说”,他称之为“上古之世”“中古之世”“近古之世”。韩非关于“三世”特征的概括聚焦于不同时代人类所面临的问题以及解决问题的方式。“上古之世”是有巢氏和燧人氏的时代，“中古之世”是“夏后氏世”，“近古之世”指“殷、周之世”，而韩非所生活的时代为“当今之世”。

2.“世异则事异”

“世异则事异”的历史观也是韩非变法主张的基础。社会处于变化之中，治理方式和社会制度应根据时代的不同、社会问题的差异而改变。因为韩非所处的时代正在经历一场大的社会变革，所以旧的治理方式和社会制度必然不能解决新的社会问题，需要采用新的治理方式，制定新的社会制度。

四、认识与参验 ★★

1. 认识

韩非特别重视认识问题，他肯定人的认识能力，探讨了如何保持和充分发挥人的认识能力以获得正确的认识，并提出了检验认识是否正确的方法。

人作为认识主体具有天生的认识能力，即“聪明睿智”。人的认识能力包括耳目等感官所具有的感性认识能力和心灵所具有的理性思维能力。韩非认为保持感官和心灵的认识能力要避免对感官和心灵的过度使用。也就是说，对于人的认识能力的过度使用会导致认识能力的丧失。

2. 参验

韩非思想中有关于名实问题的讨论。“用一之道，以名为首，名正物定，名倚物徙。”即运用“道”的方法，应将确定名称置于首要的地位。所谓“名正”就是指一个“名”能够符合它所指称的实在之物，正确反映物的特征，“名”与“实”相符。名称端正，那么它所指称的事物也就能够确定；名称出现偏差，那么它所指称的事物也就游移不定。因此，韩非十分重视检验“名”是否与“实”相符这一问题。

“审合刑名”“循名实以定是非”也可引申为检验认识的真伪。韩非主张单凭言论本身无法判断其是否符合实际、是否正确，而要将多方面的情况排列在一起进行比较研究来加以验证，这就是《奸劫弑臣》篇讲的“因参验而审言辞”。而验证的标准是实践中的功效。

五、法、术、势一体的治国论 ★★★

韩非认为法、术、势三者均是不可或缺的治国的工具。

1. 法

“法”是一种公布的成文法，是人们应该遵守的行为准则和施行赏罚的依据，由官府颁行，为民众广泛知晓。韩非肯定立法权为君主所掌握。但是，“法”的制定并非完全出自君主的主观意志，而应该体现“道”和“理”，应该满足合于时势、利多弊少、可行有效等条件。“法”具有普遍适用性，臣民无论贵贱均需接受法律的制约。同时，“法”在执行中对臣民没有偏私，法令面前人人平等。

2. “术”

“术”是君主用来任用、考核进而控制臣下的方法。“术”的使用首先需要依照臣下的能力授予他官职，也就是“因任而授官”，然后按照所授官职(名)相应的职责去要求担任这一官职的臣下的行为，这就是“循名责实”，并按照“循名责实”的结果决定赏罚。

3. “势”

“势”指君主由于其所处的地位而拥有的权力和权势，以赏罚权为主要内容。现实政治中的君主多为中等的资质，“势”就是为资质中等的君主服务的。资质中等的君主如果坚守法度、掌握权势，就可以把国家治理好；如果背离法度、丢掉权势，就会使国家陷于混乱。因此，君主是否掌握“势”与国家治乱有直接关系，“势”足以保证中等资质的君主治理好国家，也就是“势之足用”。

第二部分　课后习题详解

1. 解析韩非思想中道与理的关系。

【答题思路】参考本章第一部分“一、‘道稽万理’的道理论”中的“2. ‘道’和‘理’的关系”。

2. 比较韩非与荀子的人性论。

答：许多学者认为韩非同荀子一样主张人性恶，实际上，他只是对人性进行事实判断，并没有给予人性以善恶评价。

荀子认为“好利”“疾恶”的情欲之性为恶，主张通过礼义法度对人性进行矫治，这就是“化性”。韩非并不认为“好利恶害”“自为”为恶，也就不要求改变人的这一本性，而主张“因人情”，即顺应和利用人的好利、自为的本性。

荀子认为顺着人的情感和欲望会带来人与人之间的争夺、欺诈，从而引起社会的混乱。韩非认为承认人好利、自为的本性，可以建立人与人之间的互利合作关系，而否认这一点，要求别人利他，则会带来人与人之间的矛盾。

更为重要的是，好利、自为的人性论是韩非法治主张的基础。韩非认为要依据人的好利、自为本性制定赏罚制度。要治理好天下，必须凭借和利用人好利恶害的本性。因为人有好恶，喜好利禄而厌恶刑罚，所以奖赏和刑罚就可以发挥其激励和禁止的作用。

3.解析韩非思想中法、术、势之间的关系。

答：韩非认为法、术、势三者均是不可或缺的治国的工具。

(1)韩非肯定立法权为君主所掌握。但是，“法”的制定并非完全出自君主的主观意志，而应该体现“道”和“理”，应该满足合于时势、利多弊少、可行有效等条件。“法”具有普遍适用性，臣民无论贵贱均需接受法律的制约。同时，法在执行中对臣民没有偏私，法令面前人人平等。

(2)“术”是君主用来任用、考核进而控制臣下的方法。“术”的使用首先需要依照臣下的能力授予他官职，也就是“因任而授官”，然后按照所授官职(名)相应的职责去要求担任这一官职的臣下的行为，这就是“循名责实”，并按照“循名责实”的结果决定赏罚。

(3)“势”指君主由于其所处的地位而拥有的权力和权势，以赏罚权为主要内容。资质中等的君主如果坚守法度、掌握权势，就可以把国家治理好；如果背离法度、丢掉权势，就会使国家陷于混乱。因此，君主是否掌握“势”与国家治乱有直接关系，“势”足以保证中等资质的君主治理好国家，也就是“势之足用”。

(4)法、术、势的关系：

①互相独立。韩非主张法、术、势三者各具有特殊的职能。法是用来裁抑社会的全体成员的；术专门用来控制驾驭群臣；势保证法、术二者的正常运作和君国公利不被侵害。因此，“君无术则弊于上，臣无法则乱于下”(《定法》)，“抱法处势则治，背法去势则乱”(《难势》)。

②相互依存。法的规范社会群体的功能，依赖于君势力量的强制和治术方法之运用；法的实施与推行，必须通过群臣百官，因此，君主必须掌握控制驾驭百官的技巧；权术之参验监督功能，一方面固然要把法作为其最高规范，另一方

面又要视君主之威势为其坚强后盾。

③法为三者的中心。法、术、势三者间,法为中心。按照韩非的设想,君主的威权和治术的运用,皆应在法的规范下进行,"以法为教","以吏为师"。问题在于"法出于君",君主无条件地代表了法的理想与国家公利。最后,君主任势与术而独裁,把臣民作为其工具也就不可避免了。

第三部分　典型习题详解

一、选择题

"法"的思想是韩非哲学的重要部分。下列相关说法不正确的是(　　)。

A. "法"既包括正式公布的成文法,也包括君主根据实际情况临时采取的措施

B. 立法权应该为君主所掌握,但"法"的制定应该体现"道""理"和时势

C. 法具有普遍适用性,臣民无论贵贱均需接受法律的制约

D. 好利为己的人性论是韩非法治思想的基础,他主张依据人的利己性制定赏罚制度

【解析】韩非所强调的"法",主要是指正式公布的成文法,它具有公开性、稳定性和权威性,而非君主根据实际情况临时采取的措施。

【答案】A

二、填空题

1. 韩非把古代历史分为三个阶段,即________、________、________。

2. 韩非认为历史是不断变化且持续发展的,他主张____________________的社会历史观,反对复古守旧。

【答案】1. 上古之世　中古之世　近古之世　2. "世异则事异,事异则备变"

三、名词解释

道尽稽万物之理

答:道尽稽万物之理是指万物的"理"各不相同,而"道"却是完全适合于万

物的“理”。韩非运用“道”和“理”的观念，来说明普遍规律和特殊规律的关系。他指出每一具体事物都有特殊的性质与规律，称为“理”，它是经常发展变化的；而“道”则是各种“理”的总称，是普遍的。他说：“道者，万物之所然也，万理之所稽也。理者，成物之文也……万物各异理，而道尽稽万物之理，故不得不化。”（《解老》）“理”是具体事物间的区分与界限，即具体规律。只有通过客观事物的具体规律，才能认识事物的总规律，也就是“理定而后物可得道也”。

第二编

汉至唐代的哲学

第十一章　汉初的哲学思想

第一部分　考点归纳

一、汉初的黄老思想 ★★

汉代初年，黄老道家思想受到统治者的推崇，成为当时治理国家的指导思想。“黄老”，指的就是黄帝和老子。其在当时的代表人物有盖公和曹参。

1.盖公和曹参

盖公的主要思想“治道贵清静而民自定”显然源自《老子》“我无为而民自化，我好静而民自正”的思想。

曹参继任萧何为汉朝相国，遵循萧何指定的法规，无所变更，也取得了很好的成绩。

2.黄老道家的思想特征

(1)司马谈认为，道家以“无为”的方式取得“无不为”的效果。“以虚无为本，以因循为用”。“虚无”指的是“道”，“因循”指的是“道”的运用。只有遵循“道”的要求，君主才能治理好国家。可以看出，黄老道家在《老子》思想的基础上更加强调“因”和“时”的作用。

(2)从马王堆帛书《经法》等篇的内容来看，其与司马谈所说的黄老道家思想有着高度的契合。如强调“道”与“法”的结合；强调“无为”对于治理国家的作用；强调“因”的重要作用；强调“形名”的重要性；融入了大量的阴阳家思想。这些思想都符合司马谈所说的黄老道家“因阴阳之大顺，采儒墨之善，撮名法之要”的思想特征。

汉初推行黄老道家统治思想,在当时起到了良好的效果。经过数十年的发展,政治社会稳定,经济繁荣,人民安居乐业,出现了“文景之治”的盛世景象。

二、陆贾 ★

陆贾(约公元前 240 年—约公元前 170 年),楚人,西汉初期著名的思想家,曾辅助汉高祖平定天下。汉朝建立之后,又出使南越,使南越王归附汉朝。其主要著作有《新语》和《楚汉春秋》。

1.《新语》

《新语》总结了历代兴亡,特别是秦代二世而亡的经验教训,为汉代的国家治理提供借鉴。

2. 仁义

在总结秦亡的基础上,陆贾特别强调仁义对于治理国家的重要性。仁义是治理国家的法宝。如果统治者能够按照仁义来治理国家,则国家安定昌盛;否则,国家会昏乱灭亡。

3. 道术

陆贾还从“道术”的角度来论证仁义的合理性。在陆贾看来,天地生养万物之后,出现了人类,然后才有“道术”的产生。“道术”可以分为三个阶段:第一阶段是“先圣”时期,第二阶段是“中圣”时期,第三阶段是“后圣”时期。

4. 无为

陆贾把无为作为最高的政治理想。在陆贾看来,只有通过无为的方式才能使得国家大治。否则,如果治理过于有为,就会出现像秦朝那样的国家混乱。但是,陆贾的无为并非没有政府,不设官吏,而是让政府对于老百姓不要有过多的干预。只有这样,才能无为而无不为,从而把国家治理好。

陆贾既提倡仁义,又主张无为,是一位综合儒道的思想家。

三、贾谊 ★★

贾谊(公元前 200 年—公元前 168 年),洛阳人,是汉初著名的政论家、文学家、思想家。贾谊的著作主要有《鹏鸟赋》《治安策》《过秦论》等,后人将其编为《新书》。

1. 仁义不施，攻守之势异也

在贾谊看来，取天下与守天下是不同的，前者要依靠“诈力”，后者则以“顺权”为主。“顺权”就是儒家的仁义政策。

2. 民为国家之本

贾谊认识到了人民的重要性，提出了民为国家之本的思想。人民群众是政治的根本、国家的根本、君主的根本、官吏的根本。其不但关系到国家的安危，而且关系到君主的尊辱、官吏的贵贱。但贾谊认为人民是愚昧的、没有知识的，需要统治者的教化才能改变愚昧。

3. 仁义礼乐

贾谊特别强调仁义礼乐对于治理国家的重要性，但其并不完全否定刑罚法令在治理国家中的作用。对于礼与法的关系，贾谊认为，礼的作用是防患于未然，法的作用则是惩恶于已然之后。因此，法的作用显而易见，礼的作用难以察知。但礼和法所带来的效果却截然不同，礼能够让人民心悦诚服，法则只能带来人民的怨恨和背叛。虽然刑法有着种种弊端，但贾谊认为其对于治理国家也是必不可少的。

4. 朴素唯物主义和辩证法思想

在《鹏鸟赋》中，贾谊阐述了他的朴素唯物主义和辩证法思想。在贾谊看来，宇宙万物都是自然界变化的结果。万物都是自然界作用下的产物。宇宙间任何事物都有其对立面，对立的双方相互依存、相互转化、相互统一，缺少任何一方都不能单独存在。

5. “德有六理”

在贾谊看来，“德”包含“道”“德”“性”“神”“明”“命”六个方面，此即“德有六理”。“德”是万物之根本，一切万物皆生于“德”。在“德”生成万物的过程中，“六理”皆不可少。在“六理”中，“道”居于首要地位，“德”“性”等“五理”皆由“道”生出。

第二部分　课后习题详解

1. 试述汉初黄老思想的主要内容。

答：黄老之学是战国时期的哲学、政治思想流派，其思想的核心是“无为而治”。汉初黄老思想在内容上,继承并改造了老子关于“道”的思想,认为只有遵循“道”的要求,君主才能治理好国家,并且在老子的思想上更强调“因”和“时”的作用。在社会政治领域,黄老思想强调“道生法”,主张“是非有分,以法断之,虚静谨听,以法为符”。虽然黄老思想依托于黄帝、老子,主张“清静无为”,但它是在坚持“法治”的前提下,采用“德治”,通过审名察形,礼法并用,达到“清静无为”。

2. 试述陆贾的仁义思想。

答:陆贾认为政权可以通过武力的方式取得,但取得政权以后就必须通过文德来治理。秦代快速灭亡的主要原因就在于其统一中国后仍然一味推行严刑峻法,而没有“行仁义,法先圣”。陆贾特别强调仁义对于治理国家的重要性。他认为,仁义是治理国家的法宝。如果统治者能够按照仁义来治理国家,则国家安定昌盛;否则,国家会昏乱灭亡。

3. 试述贾谊的礼、法思想。

答:贾谊在总结秦亡的教训的过程中,认识到了仁义礼乐和刑罚法令两种治国政策所带来的不同结果。因此,贾谊特别强调仁义礼乐对于治理国家的重要性,但其并不完全否定刑罚法令在治理国家中的作用。对于礼与法的关系,贾谊认为,礼的作用是防患于未然,法的作用则是惩恶于已然之后。因此,法的作用显而易见,礼的作用难以察知。但礼和法所带来的效果却截然不同,礼能够让人民心悦诚服,法则只能带来人民的怨恨和背叛。不过,虽然刑法有着种种弊端,但贾谊认为其对于治理国家也是必不可少的。

第三部分　典型习题详解

一、选择题

汉代初年,黄老道家思想受到统治者的推崇,成为当时治理国家的指导思想。以下说法不正确的是(　　)

A. 经过数十年发展,汉初社会稳定,经济繁荣,人民安居乐业,出现了“文景之治”

B. 黄老思想受到统治者推崇的主要原因之一是秦朝的迅速灭亡

C. 黄老道家在《老子》思想的基础上更加强调“天”和“时”的作用

D. 黄老指的是黄帝和老子

【解析】黄老道家在《老子》思想的基础上更加强调“因”和“时”的作用。

【答案】C

二、填空题

1. 黄老之学的经典是________和________。汉初黄老学派的主要代表有盖公和________。

2.《新语》的作者是________,《新书》的作者是________,他们均是兼综________学说的汉代思想家。

3.《论六家要旨》一文的作者是________。

【答案】1.《黄帝书》《老子》 曹参 2. 陆贾 贾谊 儒道 3. 司马谈

三、简答题

试述汉初黄老思想流行的原因及其影响。

答:(1)原因:①汉初窘迫的经济现状决定战后只能推行“与民休息”的政策。②对秦王朝穷兵黩武、劳民伤财的极端政策进行修复。③统治者比较开明,使之成为当时治理国家的指导思想。

(2)影响:汉初,黄老思想流行,对恢复和发展经济以及巩固汉王朝的统治起到了极大作用,出现了“文景之治”的昌盛局面。东汉时,黄老之学与谶纬迷信相结合,演变成自然长生之道,对原始道教的形成也产生了一定的影响。

第十二章　董仲舒的哲学

第一部分　考点归纳

董仲舒(约前179—约前104),广川(今河北省景县)人,汉代著名的哲学家、思想家。董仲舒以著名的“天人三策”博得了武帝的赏识。

董仲舒的著作,据《汉书》本传,包括明经术之意、上疏条教的一百二十三篇。此外,又有阐明《春秋》得失的《闻举》《玉杯》《蕃露》等数十篇。后来被人编为《春秋繁露》一书。

一、“万物非天不生”的宇宙论 ★

在董仲舒哲学中,“天”无疑居于核心地位。“天”是宇宙万物的根本。如果离开“天”,则宇宙万物就不能产生。

在董仲舒看来,“天”有十个方面的基本内容,即“十端”。具体来说,就是天、地、阴、阳、火、金、木、水、土及人。这十个方面实际上可以分为天、地、人“三才”和阴阳、五行等三个部分。

1. 阴阳

在董仲舒看来,天道的变化体现在阴阳两个方面。阴阳二气,处于相反的位置。虽然阴阳二气都体现了天道的变化,但二者的作用是不同的。阳气处于主要的、实在的地位,而阴气则处于辅助的、空虚的位置。这体现了天道“任阳不任阴”的要求。

2. 五行

木、火、土、金、水五行都为“天”所有。五行之间的关系有两种:一种是相生关系，如木生火，火生土；一种是相胜关系，如木克土，土克水。

在五行中，土居于最尊贵的地位，其他四行都有具体对应的季节，如木主春，火主夏，金主秋，水主冬。五行虽然主宰四季的运行，但其还要服从阴阳二气的支配。

3. 人

董仲舒认为，宇宙万物都是从“天”生出来的，但“人”在宇宙万物中有着非常独特的地位，能够超然万物之上，“最为天下贵”。

4. “天”

在董仲舒看来，“天”不仅仅是指自然界的天道变化，更重要的是指有意志、有目的的宗教神。“天”是众神中的最高神。如果祭祀“天”的礼节不完备的话，那么祭祀再多的众神也没有任何意义。

二、“人副天数”的天人感应论 ★

1. “人副天数”

董仲舒认为，“天”是宇宙万物的本体，宇宙一切事物都是由“天”生出的。人类当然也不能例外。不但人的形体、血气源于天，而且人的道德、感情、受命等都源于天。因此，人是天的副本。

“人副天数”包含两个方面：一是“副类”，即外在形象或特征上的相副；一是“副数”，即数目上的相副。“副数”是主要方面，“副类”是次要方面。只有在不能“副数”的情况下才“副类”。

“副数”的方面包含：人的小的骨节有三百六十六节，与一年的日数相符合；人的大的骨节有十二节，与一年的月份相符合；人的五脏，与五行数相符合；人的四肢，与四时数相符合等。

“副类”的方面包含：人的视瞑，与昼夜相符合；人的刚柔，与冬夏相符合；人的哀乐，与阴阳相符合；人的伦理，与天地相符合等。

2. 天人感应

董仲舒认为，在万物之中，人最为尊贵，因此，只有人能够符合天的规定性。天人之间能够相互感应。

三、“性待教而为善”的人性论 ★

董仲舒认为，宇宙万物都是由天产生的，人也是由天产生的。既然人的一切都来源于天，那么最重要的人性也不能例外。天有阴阳两个方面，因此，人性也包括相应的两个方面。

董仲舒持有一种性善恶混的人性论。这种善、恶之性，又被分别称作“性”和“情”。

(1)性和情都是从天而生的，它们在人身中是混在一起的。

(2)董仲舒虽然承认人性具有“善质”，但这种“善质”是先天地与恶混在一起存在于人身上的，此即他所说的“性情相与为一瞑”。情是人欲，因此被称作“贪”。性是质善，因此被称作“仁”。“贪”源于天的阴气，“仁”源于天的阳气。天是“任阳不任阴”的，因此，人性也是扬善弃恶的。

(3)性需要教化才能成为善，这种教化要靠统治者来实现。人性可以分为圣人之性、中民之性和斗筲之性。圣人之性是纯善无恶的，斗筲之性即小人之性，是纯恶无善的。这两种性都是不可改变的，因此不能称作性。只有中民之性才是可以改变的，可以教化的，才是真正的性。

四、“名各顺于天”的正名思想 ★★

董仲舒认为，“名”是判断是非的标准。是非曲直不在于客观事实，而在于其是否能够与名相符合。如果能够与名相符合，则是正确的；否则，则是错误的。名是取自天的，是天意的体现。而天意是通过统治者表现出来的。

董仲舒提出“正名”思想的目的在于维护封建社会的等级制度。他还提出了“三纲”“五常”的思想。所谓“三纲”，就是君为臣纲、父为子纲、夫为妻纲；所谓“五常”，就是仁、义、礼、智、信。

五、“三统”“三正”的历史观 ★

在历史观上，董仲舒借鉴了邹衍的“五德终始”说，提出了“三统”“三正”的理论。所谓“三统”，就是黑统、白统、赤统。所谓“三正”，就是夏代以寅月(农历正月)为正月、商以丑月(农历十二月)为正月，周以子月(农历十一月)为正月。

黑、白、赤三统是一种循环的关系，如夏代为正黑统，商代为正白统，周代为正赤统，代周的朝代则又为正黑统，依此类推，循环不已。

六、"王道通三"的政治思想 ★★

1."王道通三"

在董仲舒看来，上天让统治者受命就是为了治理民众，实现王道。而"性善情恶"是统治者治理民众的前提。统治者之所以能够治理民众，是因为他是由天所任命的。因此，统治者应该按照天的要求来治理国家。

统治者对上要顺天之命，对下又要对民负责，因此，统治者的作用是贯通天人的。董仲舒认为，古人在创造文字时，把三横画通过一竖画连接起来称作"王"。三横画分别代表天、地、人，而一竖画则代表天、地、人三道的贯通。董仲舒通过对"王"字的解释，意在说明只有统治者才能贯通天、地、人三道。因此，统治者的作用就是按照天的要求来治理民众。

2."大一统"的思想

为了实现王道的政治理想，董仲舒还提出了"大一统"的思想。董仲舒认为，《春秋公羊传》说的"大一统"是天地自然界的普遍规律、历史发展的必然趋势。为了实现这种"大一统"，董仲舒提出了"罢黜百家，独尊儒术"的主张。

董仲舒在新的历史条件下综合各家，对儒学思想作了创造性的改造，提出了"罢黜百家，独尊儒术"的思想。这不仅为西汉王朝提供了改革的理论基础，而且使儒家适应了当时的社会政治需要，成为封建社会的正统意识形态，奠定了儒家文化在中国传统文化中的主流地位。

第二部分　课后习题详解

1.试述董仲舒"天"的思想。

【答题思路】参考本章第一部分"一、'万物非天不生'的宇宙论"。

2.试述董仲舒的人性论思想。

【答题思路】参考本章第一部分"三、'性待教而为善'的人性论"。

3. 试述董仲舒的政治思想。

答:(1)在董仲舒看来,上天让统治者受命就是为了治理民众,实现王道。而“性善情恶”是统治者治理民众的前提。统治者之所以能够治理民众,是因为他是由天所任命的。因此,统治者应该按照天的要求来治理国家。

(2)统治者治理国家应该以德为主,以刑为辅。如果“刑厚于德”或“废德而任刑”,就被称作“逆天”,就会出现灾害、怪异之事。

(3)德政要靠教化来实现。通过教化,就能实现民众的善性。民众的善性完全实现出来,就能实现王道。

(4)为了实现王道的政治理想,董仲舒还提出了“大一统”的思想。为了实现这种“大一统”,董仲舒提出了“罢黜百家,独尊儒术”的主张。

第三部分　典型习题详解

一、选择题

关于汉代的哲学思想,下列说法不正确的是(　　)。

A. 汉初儒家代表陆贾认为天下可以依靠武力取,但治理却需要文德。他既提倡行仁义,也把“无为”作为政治思想

B. 黄老思想的主要特征是:一方面继承了老子的“无为”思想,另一方面也吸收了阴阳家、儒家、墨家等的思想

C. 董仲舒的主要思想之一“天人感应论”,指的是不仅人类可以做到与天相感应、符合,其他物类也可以

D. 王充《论衡》旨在批判当时流行的谶纬灾异思想,主张人类认识必须经得起事实验证

【解析】董仲舒认为在万物之中,人最尊贵,只有人符合天的规定性。

【答案】C

二、填空题

1. 董仲舒的著作被人编为________,他以“________”博得了汉武帝的

赏识。

2. 董仲舒所谓的"三统"是指________、________、________；他的性三品说，把人性分为三等，即________之性、________之性和________之性，其中只有________之性才是真正的性。

3. 董仲舒的"三纲"学说，是以________观念为根据的，即以君为阳，臣为阴；父为阳，子为阴；夫为阳，妇为阴。

【答案】1.《春秋繁露》　天人三策　2. 黑统　白统　赤统　圣人　中民　斗筲　中民　3. 阴阳

第十三章　扬雄和王充

第一部分　考点归纳

扬雄(前53—18),西汉末年著名的思想家和文学家。在哲学方面著有《太玄》《法言》等书。《太玄》是对《周易》的模仿,《法言》则是对《论语》的模仿。

王充(27—约97),东汉著名的思想家、哲学家,流传下来的著作有《论衡》一书。

一、扬雄《太玄》的哲学思想 ★

《太玄》是扬雄在中年时期模仿《周易》而写作的一部哲学著作,集中反映了他对宇宙本原、变化等问题的看法。

在扬雄的哲学思想中,"玄"是最高的范畴。"玄"是宇宙万物的最高本原,是一切事物的最初根本。在描述"玄"的过程中,扬雄还提出了一些辩证法思想。

二、扬雄《法言》的哲学思想 ★

1.《法言》

《法言》是扬雄模仿《论语》而写作的一部哲学著作,主要反映了他对于人性、社会政治等方面的看法。

2. 人性论

在人性论上,扬雄提出一种性善恶混的学说。在人性之中,既有善性也有恶性,发展其中的善性则是善人,发展其中的恶性则为恶人。这样看来,后天的学习对于人性的修养就尤为重要了。

3. 社会政治思想

在社会政治思想方面，扬雄认为治理国家的根本在于政治制度的建立，而政治制度的建立又在于品德的修养。因此，在德、刑关系上，扬雄主张德先刑后。治理国家，道德教化多多益善，而刑法惩罚过多则会导致国家混乱。在制度改革问题上，扬雄认为有因有革，可以因袭的就因袭，不可以因袭的就改革。

4. 宗教迷信思想

扬雄还批判了当时的神仙方术等宗教迷信思想。在他看来，生死存亡是自然规律，神仙鬼怪是难以验证的。

三、王充"万物之生，皆禀元气"的宇宙论 ★

王充撰写《论衡》，批判了当时社会流行的各种虚妄之言。

1. 宇宙论

谶是一种预测吉凶的神秘性预言，纬则是与经相对应的用阴阳灾异思想来解说儒家经典的著作，谶纬是对西汉今文经学的神秘主义思想的进一步发挥。东汉光武帝时，谶纬被宣传为国家宪法，很多国家大事都靠谶纬来决定。

王充则认为，天道自然无为，并不存在什么神秘性。自然界的万物都是偶然产生的。既然天无意生出人类和万物，那么它也就不会干预人间的事情，因此也就没有什么天人感应、灾异谴告可言了。天道是自然无为的，人事则是积极有为的，不能把二者混同起来。

2. 万物之生，皆禀元气

在王充看来，天道之所以自然无为，在于其是由"气"构成的。气是构成人类和万物的基本元素。他把这种气称作"元气"。

四、王充"考之以心，效之以事"的认识论 ★

王充在批判天人感应、谶纬神学等神秘主义思想的过程中，提出了注重效验的认识论。

(1)王充认为，人要获得认识，首先要通过感觉器官与外界事物相接触，如果不通过感觉器官，那么对外界事物就不会有任何认识。这说明感觉经验对于人类认识的重要性。

(2)王充虽然重视感觉经验,但他认为认识仅有感性经验还不够,因为感性经验有其局限性。因此,在重视感性经验的基础上,他还强调理性认识的重要性。

(3)王充还注重效验对于人类认识的重要性,认为人类认识必须经得起事实的验证,而且效验要建立在理性思维的基础上。只有这样,才能让虚妄之说无所逃避。

五、王充"用气为性,性成命定"的性命论 ★

王充认为人性有善有恶,就像人的才能有高有低一样。如果说人性没有善恶之分,就相当于否定人的才能有高低的区别,这显然是不合理的。

(1)王充对于人性的看法基于他的"元气"学说。在王充看来,人一出生所禀元气的厚薄、多少决定着其性的善恶。

(2)王充虽然认为人性天生就有善恶的不同,但他同时又承认后天的学习、环境对人性的改变有着重要作用。

(3)在王充的思想中,与"性"相关的还有"命"的思想。王充认为,人的性和命在他出生之时就被决定了。虽然性、命在人出生时同时而有,但二者是不同的。

(4)王充认为,人的生死祸福、富贵贫贱等都是由命决定的。他虽然认为人的一切皆由命定,但同时他又说人的一生的事情都是出于偶然的。

王充所讨论的问题,实际上涉及哲学上必然性与偶然性关系的问题。

扬雄和王充在哲学思想上虽然不同,但二人都从自然主义角度对于西汉以来的天人感应、谶纬迷信、神仙方术等神秘主义思想做了激烈的批判,在中国文化的理性主义走向上起到了不可忽视的作用。他们二人在当时虽然影响不大,但对于后来魏晋玄学的产生却有着至关重要的影响。

第二部分　课后习题详解

1. 试述扬雄《太玄》的主要哲学思想。

【答题思路】参考本章第一部分"一、扬雄《太玄》的哲学思想"。

总的来看,扬雄在《太玄》中提出了一些他关于宇宙本原、变化等方面的观点，表面上虽然是模仿《周易》之作，但也反映了他在当时学术环境下的哲学思考。

2. 试述王充的认识论思想。

【答题思路】参考本章第一部分“四、王充‘考之以心，效之以事’的认识论”。

3. 试述王充的人性论思想。

答：(1)在人性论上，工充对于性善论等学说都进行了评价，从而得出人性有善有恶的观点。人性有善有恶，就像人的才能有高有低一样。如果说人性没有善恶之分，就相当于否定人的才能有高低的区别，这显然是不合理的。

(2)王充对于人性的看法基于他的“元气”学说。在王充看来，人一出生所禀元气的厚薄、多少决定着其性的善恶。

(3)王充虽然认为人性天生就有善恶的不同，但他同时又承认后天的学习、环境对人性的改变有着重要作用，即人性可以随着后天的环境而改变。

第三部分 典型习题详解

选择题

下列关于汉代哲学的陈述，不正确的是(　　)。

A. 总体上，汉代哲学主要以黄老思想为主，这是对统治者休养生息政策在思想上的回应

B. 扬雄、王充从自然主义角度批判了西汉以来的天人感应、谶纬迷信、神仙方术等神秘主义思想，对后来魏晋玄学的产生具有重要影响

C. 董仲舒重新阐释了“天”的观念，赋予其人格化的最高主宰之义和“仁爱”内涵，对儒家思想进行了创造性改造，产生了重大的影响

D. 陆贾、贾谊等深刻总结秦朝灭亡的教训，把儒家“仁义”与道家“无为”的思想杂糅，改变了秦代以法家思想为指导的单一性原则

【解析】汉代初期，哲学思想主要以黄老思想为主，这是对统治者休养生息政策在思想上的回应，但汉武帝后，儒学逐渐上升为统治思想，董仲舒的新儒学成为汉代哲学的主流。

【答案】A

第十四章　何晏和王弼

第一部分　考点归纳

何晏(约190—249),自幼聪慧,喜欢《老》《庄》,善谈《易》《老》,在当时有着很大的影响。何晏的著作主要有《论语集解》《老子道德论》《孝经注》等。

王弼(226—249),魏晋时期著名的玄学家。王弼的祖父王凯是当时著名文学家王粲的族兄。王弼自幼便与众不同,喜好《老》《庄》,能言善辩,颇受时人所重。何晏见了他之后,称赞不已,发出了“后生可畏,若斯人者,可与言天人之际”的感叹。王弼的著作主要有《老子注》《老子指略》《周易注》《周易略例》《论语释疑》等。

一、何晏“有之为有,恃无以生”的哲学思想 ★

1. 本末关系

在有无关系上,何晏最先提出“以无为本”的思想。对于有无关系,何晏在《道论》中说:世界上存在的事物都必须以“无”为根据才能产生。此“无”虽然无形无象、无名无称,但却无所不在。世界上的所有事物都需要依靠它才能存在。

在何晏看来,有的存在皆有其局限,是此物则不能是彼物。只有“无”才是没有局限的,所以能够成为一切存在物的依据。“无”与“有”的关系又被称作本末关系,“无”是本,“有”是末。

2. “道”

何晏还把“无”称作“道”,“道”是“无所有”者,即没有任何规定性的存在。与其相对的是“有所有”者,即天地生成以来的所有存在物。“无所有”的“无”与“有所有”的“有”虽然相对,但二者之间仍是相通的,即“有所有”要以“无所有”

为存在根据，“无所有”又要通过“有所有”来展现。

二、王弼“以无为本”的本体论 ★

1. 本末关系

王弼认为，有无关系首先表现为本末关系，无是本，有是末。世界万物之所以能够存在就在于有“无”这个本体。“无”并不在世界万物之外，而在世界万物之中。世界万物只不过是“无”这个本体的表现。

2. 动静关系

作为本体的“无”是静止的，而世界万物则是处于不停的运动变化过程中的。但对不变来说，变化是相对的，不变才是绝对的。世界万物虽然运动不止，但最终都要归于虚静。

3. 一多关系

世界万物在形式和种类上虽然多种多样，但其最终都可以归为一个统一性的东西。这种统一性就是“无”。因为“无”能让万有为“一”，所以“一”也可称作“无”。世界万物之所以繁多而不混乱，就在于有“一”的统率。

三、王弼“得意忘象”的认识论 ★

王弼结合《周易》的言、象、意之间的关系，提出了“得意忘象”的认识理论。

(1)语言源于卦象，卦象包含义理，所以可以通过语言来认识物象，通过物象来认识其所蕴含的义理。但语言不等于物象，物象也不等于义理，所以要得到物象就应该抛弃语言，要得到义理就应该抛弃物象。

(2)语言是表达物象的工具，物象是表现义理的工具，在认识物象、义理之后就应该抛弃语言、物象。忘掉语言、物象，正是为了更好地认识物象、义理。

(3)如果要“得意”“得象”就必须“忘象”“忘言”。如果说“象”与“言”表示“有”的话，那么“意”就表示“无”这个本体。

四、王弼“崇本举末”的政治思想 ★★

王弼不但把他的“以无为本”本体论思想运用到认识论上，而且将其贯彻到他的政治思想上，具体表现就是“名教”本于“无为”。所谓“名教”，就是指以儒家的纲常伦理、等级名分等为核心的教化思想。

在王弼看来，只有把“名教”建立在“无为”的基础上，“名教”才能更好地发挥其作用。反之，如果舍弃“无为”的指导，万物各逞其能，则会产生很多虚伪的道德行为。王弼认为，越提倡仁义，就越会导致虚伪，为了解决这一问题，王弼提出了“崇本举末”的思想。

王弼的“崇本举末”的政治思想是其“以无为本”本体论思想在社会政治方面的延伸。以何晏、王弼为代表的“正始玄学”，是魏晋玄学发展的第一阶段。他们提出的“以无为本”思想从本体论角度对两汉以来的天人感应、谶纬迷信等神秘主义思想做了彻底的批判，并对封建社会的儒家纲常思想进行了新的论证，大大地提升了中国文化的抽象思维水平，对于后世思想产生了深远的影响。

第二部分　课后习题详解

1.试述何晏、王弼“以无为本”思想的异同。

答：相同方面：在有无关系上，何晏和王弼都认同“以无为本”的思想，都认为“无”是本，“有”是末，“无”是世界万物存在的根据和理由。

不同方面：(1)何晏虽然提出了“以无为本”的思想，但还未能完全摆脱汉代同类感应思想的影响。他把有无关系比作阴阳关系，然而阴阳是两种并列的事物，这就与其所说的“以无为本”思想产生了矛盾。

(2)与何晏相比，王弼对于“以无为本”的思想有着更为系统和完善的论述。除本末之外，王弼还从动静、一多等方面对“以无为本”思想做了系统的论证。从动静关系来看，“无”是永恒不动的，“有”是运动变化的。世界万有虽然千变万化，但最终都要归于虚静。从一多关系来看，“无”是一，“有”是多。世界万有虽然多种多样，但最终都由一个统一性的“无”来统率。

2.试述王弼的认识论思想。

【答题思路】参考本章第一部分“三、王弼‘得意忘象’的认识论”。

王弼的“得意忘象”认识论，是魏晋玄学“言意之辩”中最深刻、最具有代表性的观点。

3.试述王弼的政治思想。

答：王弼不但把他的“以无为本”本体论思想运用到认识论上，而且将其贯彻到他的政治思想上，具体表现就是“名教”本于“无为”。所谓“名教”，就是指以儒家的纲常伦理、等级名分等为核心的教化思想。

在王弼看来，“名教”是本于“无为”的，而“无为”则是本体“无”具体作用的体现。只有把“名教”建立在“无为”的基础上，“名教”才能更好地发挥其作用。反之，如果舍弃“无为”的指导，万物各逞其能，则会产生很多虚伪的道德行为。王弼认为，越提倡仁义，就越会导致虚伪。为了解决这一问题，王弼提出了“崇本举末”的思想。

“无名”“无形”的“无”是“母”、是“本”。一切有形有名的现存事物则是“子”、是“末”。只有“守母”才能“存子”，只有“崇本”才能“举末”。其所说的“子”和“末”指的就是儒家所讲的仁义道德之类的“名教”思想。

王弼认为，作为本体的“无”必然会分化为具体的事物。有了具体的事物，就必然会有政治秩序。圣人则根据“无”的要求来制定政治秩序，设立官员以治理国家。在王弼看来，政治治理是本体展开的必然过程，因此，其最终目的也是回归“无”这个本体。可知，王弼通过道家的“无为”巩固了儒家的“名教”。

第三部分　典型习题详解

填空题

1. 王弼的主要著作有《________》《________》《周易注》《周易略例》《论语释疑》，今人楼宇烈将其著作搜集整理成了________一书。

2. 作为玄学的代表和清谈名士，王弼与当时许多清谈名士辩论过各种问题，如与裴徽讨论“________”问题，与何晏等人讨论“圣人________”的问题，与荀融讨论《周易》“________”的问题等。

【答案】1. 老子注　老子指略　《王弼集校释》　2. 圣人体无　有无喜怒哀乐（或有情无情）　大衍义

第十五章　阮籍和嵇康

第一部分　考点归纳

阮籍(210—263),字嗣宗,陈留尉氏(今属河南省)人。其主要著作有《乐论》《通易论》《通老论》《达庄论》《大人先生传》等,现大都收录于《阮籍集》中。

嵇康(223—262),字叔夜,谯国铚(今安徽宿县)人。其主要著作有《养生论》《释私论》《声无哀乐论》等,后来被人编成《嵇康集》。

一、阮籍"天地生于自然"的宇宙观 ★★

在宇宙观上,阮籍继承了汉代以来的元气自然论思想。天地都是自然而然地生出来的,并不存在一个脱离天地而独立存在的自然。也就是说,天地与自然是一非二。万物则生于天地之中。天地万物都是一气变化的产物。

天地日月在本质上是"自然一体"的。天地万物虽然千变万化、多种多样,但无非都是一气作用下的产物。阮籍的这种思想显然受到了庄子齐物思想的影响。

人也是这种自然气化下的产物,其身体是由阴阳二气积聚而成的。人的情感是精气游散变化所产生的欲望。人的精神则是天地之气所用来驾驭人的。

阮籍又把"自然"称作"道"。当人达到了"至道之极"的地步,也就与"自然一体"了,因此也就没有什么成败得失可言了。

二、阮籍"无君而庶物定"的政治思想 ★

阮籍的早期思想以儒家为主,晚期思想以道家为主。

1. 早期

在《乐论》中，阮籍主张治理国家要刑教、礼乐并用。如果偏废一方，则另一方就无从实现。如果礼乐秩序遭到破坏的话，那么就会带来国家的混乱。因此，“礼乐正而天下平”。可以看出，阮籍虽然提倡礼法并用，但其更加强调礼乐的重要性。

2. 晚期

（1）在《达庄论》中，阮籍对于六经和庄子的高下做了评判，认为儒家六经所说的是适用于某个方面的局部道理，而庄子所说的则是适用于宇宙全体的终极道理。

（2）在《大人先生传》中，阮籍对于儒家的名教做了激烈的批判。在阮籍看来，儒家所标榜的尊贤使能、争权夺利，是造成君臣上下相互残害的根本原因；其所提倡的礼法名教，不过是残害他人、危乱社会的权术罢了。阮籍认为，百姓之所以能修身养性、相安无事，就在于没有政府的干预，没有君主的统治。这显然继承和发展了道家的“无为而治”思想。

三、嵇康“元气陶铄，众生禀焉”的宇宙观 ★

嵇康在宇宙观上继承和发展了汉代以来的元气学说。他认为，人类都是元气变化作用下的产物。所禀赋元气清浊、厚薄的不同，造成了人性、材质昏明的差异。只有“至人”才是最完美无缺的，因为其禀赋的元气是最纯美、最完备的。

元气需要经过阴阳二气的分化，相互激荡，相互作用，才能生出人和万物。在阴阳二气的作用下，分化出五行之气，然后就产生由五色、五音等构成的多彩多姿的世界。

不过，由元气分化出来的万物虽然种类繁多、形态各异，但它们之间并非杂乱无章，而有着普遍存在的“理”。这里的“理”就是指宇宙万物存在和变化的规律性。

四、嵇康“形神相亲，表里俱济”的养生论 ★

嵇康的《养生论》主要探讨人的形体和精神的保养问题。养生的关键在于“导养得理”。这里的“理”，就是自然之理。形体和精神在养生的过程中都非常重要,因为形神之间有着不可分离的关系,养生要形神兼备。

养神主要在于内在的心性不要受到喜怒哀乐等情绪的干扰,这样才能“体气平和”。而养形则是通过各种气功以及服食等手段以保全人的性命。养神与养形之间是相互促进的关系。

养神与养形虽然都很重要,但嵇康更加注重养神。如果精神保养好了,那么形体就能相应地保养好;如果精神烦躁无主,那么形体也就无所适从。

五、嵇康“越名教而任自然”的政治思想 ★★

1. 无为而治

在政治思想上,嵇康提倡道家“无为而治”的思想。在嵇康看来,古代的统治者能够无为而治,遵循大道,有着天下为公的胸怀。后来的统治者则以自己的私利为出发点治理国家,因此,君臣猜忌,国家混乱。

2. 越名教而任自然

嵇康认为,儒家的名教教化在本质上是压抑和违背人的本性的。因此,人的本性是不能通过儒家六经的教化来实现的。只有否定儒家的名教,才能实现人的自然本性。在这种思想的指导下,嵇康提出了“越名教而任自然”的思想。

在嵇康看来,名教就是产生竞争和欲望的根源。人只有心中保持虚静、通达的自然状态,没有竞争和欲望的牵累,才能超越名教的羁绊、符合大道的要求。要做到这一点,统治者在政治上就必须实行道家的“无为而治”。统治者只有做到了“简易之教”“无为之治”,才能使国家安泰、天人和谐。

以阮籍、嵇康为代表的“竹林玄学”,是魏晋玄学发展的第二阶段。他们的主要贡献在于在政治思想上提出了“越名教而任自然”,形成了逍遥放达、追求自我的人生观,从而影响了中国古代士大夫的人生态度与精神面貌。

第二部分　课后习题详解

1. 试述阮籍的政治思想。

【答题思路】参考本章第一部分“二、阮籍‘无君而庶物定’的政治思想”。

2. 试述嵇康的养生思想。

【答题思路】参考本章第一部分“四、嵇康‘形神相亲,表里俱济’的养生论”。

3. 试述嵇康的“越名教而任自然”思想。

【答题思路】参考本章第一部分“五、嵇康‘越名教而任自然’的政治思想”。

第三部分　典型习题详解

一、选择题

“越名教而任自然”是嵇康提出的著名政治思想。下列说法最不符合其意的是（　　）。

A. 这个思想鼓励人们勇敢地走进大自然，放飞自我本性

B. 名教是大道遭到破坏，统治者以自己的私利为出发点进行国家治理的产物

C. 名教本质上是压抑和违背人的本性的

D. 这是对道家“无为而治”思想的继承和发展

【解析】嵇康“越名教而任自然”的政治思想，并非鼓励人们走进大自然，放飞自我本性，而是强调超越名教的束缚，回归人的自然本性，反对名教对人性的压抑。

【答案】A

二、填空题

1. 竹林七贤分别是________、________、山涛、刘伶、阮咸、向秀、王戎。他们在生活上不拘礼法，常在竹林饮酒纵歌，作品较隐晦地表达了自己的思想感情。

2. 阮籍、嵇康在政治思想上提出了“________”，形成了逍遥放达、追求自我的人生观。

【答案】1. 阮籍　嵇康　2. 越名教而任自然

第十六章　裴頠和郭象

第一部分　考点归纳

裴頠(267—300),字逸民,河东闻喜(今山西绛县)人。他博学好古,识见卓远,自少知名,主要著作有《崇有论》。

郭象(252—312),字子玄,河南(今洛阳)人。他幼时便以才理著称,喜好《老》《庄》,能言善辩,在当时有着"王弼之亚"的称号,主要著作有《庄子注》《论语体略》等。

一、裴頠的"崇有论"哲学 ★

(1)"无"是不能生出任何万物的,天地万物都是自己产生的。天地万物只能产生于"有",而不能产生于"无"。"无"只是相对于"有"而存在的,不能脱离"有"而独立存在。

(2)裴頠提出了对于宇宙万物的总体看法。他说:整个宇宙万物本身就是最根本的道,除此之外并没有其他的本体。

(3)每个具体事物都有自己的规定性,这样其就必然是不"自足"的,因此需要依靠其他事物才能存在。世界万物的存在只能从其本身来说明,而不能从事物之外寻找原因。只有"有"才能成就事物,虚无对于事物的存在并没有任何益处。

(4)在政治思想上,裴頠认为,"无为"对于治理国家没有任何用处,只有通过"有为"的方式才能完成一件事情、做成一个器物。治理国家也是如此,必须通过礼乐刑法等"有为"的方式才能达到良好的效果。

二、郭象“物各自造”的本体论 ★

（1）“无”是不能生“有”的，“无即无矣，则不能生有”。“无”不是相对于“有”而言的，其不过是用来说明天地万物都是自己生成这一道理的。

（2）不管我们如何追寻万物本体，最终都只能追寻到万物本身上面。这是说，在万物的存在之前并不存在一个先于万物的存在者。

（3）天地万物都是自然而然地产生出来的，是“块然而自生”“突然而自得”的。郭象把这种“自生”称作“独化”。他认为，天地万物的生成，既不依靠外因，也不依靠内因，而是毫无根据地独自生成、独自变化。

（4）万物只是一个个独自存在的个体。它们虽然共同存在于宇宙间，但它们之间却没有任何关系。世界上每个个体虽然都是“自生”“独化”的，但在整体上却都要受到“理”的规定。

三、郭象“冥然自合”的认识论 ★

在郭象看来，天地万物都是“自生”“独化”的，因此，每个事物都有其自身的规定性。郭象把这种规定性称作“性分”。既然每个事物都有自己的“性分”，那么就不能超出其本性来追求本性以外的东西。如果追求自己“性分”之外的东西，就会越来越迷失自己的本性。

从“独化”的角度来看，外界世界也是无法认识的。既然世界万物都是莫名其妙、突然地生出来的，那么就不能认识外界事物变化的原因。既然外界事物是不可认识的，那么人类就应该放弃对于外界世界的认识。只要顺其自然，就可以与外物相符合。这种看法取消了人的主观认识活动和主客观之间的差别对立。

四、郭象“无心顺有”的政治思想 ★

在政治思想上，郭象主张以“不治治之”，即以“无为”的方式来治理国家。但“无为”并不是什么也不做，而是说按照自己的本性活动。

在郭象看来，君主对于一个国家的治理是必不可少的。一个国家必须有一个君主，否则就会混乱、涣散。君臣应该各司其职，不能相乱。

郭象所说的“无为”与老庄原始道家所讲的“无为”意义并不相同,即其并非什么都不做,而是按照事物的本性去做。在政治上,郭象并非要去除君臣上下之间的等级关系和伦理纲常,而是对其进行了新的论证。儒家所讲的仁义道德本身就是人的自然本性。因此,在“名教”与“自然”关系上,郭象主张“名教即自然”。

以裴頠、郭象为代表的西晋玄学,是魏晋玄学发展的第三阶段。与何晏、王弼的“贵无论”不同,裴頠、郭象主张“崇有论”,即认为万物自身就是其存在的原因,不需要在其自身之外再寻找别的原因作为其存在的根据。在“名教”和“自然”的关系上,郭象既不同于王弼的“名教本于自然”,也不同于嵇康的“越名教而任自然”,而提出一种“名教即自然”的思想,这样就在形式上解决了魏晋时期长期存在的“名教”和“自然”关系的矛盾。

第二部分　课后习题详解

1. 试述裴頠的“崇有论”思想。

【答题思路】参考本章第一部分“一、裴頠的‘崇有论’哲学”。

2. 试述郭象的“独化论”思想。

【答题思路】参考本章第一部分“二、郭象‘物各自造’的本体论”。

3. 试述郭象的政治思想。

【答题思路】参考本章第一部分“四、郭象‘无心顺有’的政治思想”。

第三部分　典型习题详解

一、选择题

关于魏晋玄学的中国哲学史地位,下列说法不正确的是(　　)。

A. 基本特征是“合儒道为一”,由此开创了中国哲学史儒道互补的新格局

B. 突破了汉代天人感应神学目的论和谶纬神学的束缚,大大提升了中国哲学理论思维水平

C. 以道家哲学为核心，建构出独立的宇宙本体论思想

D. 提出了一系列哲学范畴如“有无”“体用”“性情”等，和哲学命题如“以无为本”“言不尽意”“心外无法”等

【解析】魏晋玄学并非以道家哲学为核心，而是儒道融合、以道解儒的产物。它虽然对道家思想有所借鉴和发展，但并未建构出独立的道家宇宙本体论思想。

【答案】C

二、填空题

1.《崇有论》的作者是________。

2. 在“名教”和“自然”的关系上，郭象提出了“________”的思想。

3. 在郭象看来，“无”________生“有”。

4. 玄学的演变按时间顺序一般分为三种理论形态：贵无、崇有、________。

【答案】1. 裴頠　2. 名教即自然　3. 不能　4. 独化

三、名词解释

1.《崇有论》

答：《崇有论》是西晋学者裴頠的论著。该书是针对何晏、王弼“贵无论”所产生的弊端而专门撰写的，目的是矫正当时社会流行的虚无、放诞之弊，批判世俗所崇尚的虚无之理。

2. 性分

答：郭象认为，天地万物都是“自生”“独化”的，因此，每个事物都有其自身的规定性。他把这种规定性称作“性分”。“性分”无优劣、大小之分，只存在自己的行为和“性分”是否“适当”的问题。人如果追求自己“性分”之外的东西，就会越来越迷失自己的本性。

第十七章　汉至隋唐的佛教哲学

第一部分　考点归纳

早期翻译的佛教经典主要分为两大系统:安世高(约 2 世纪)所译属小乘佛教,重视精神修炼;支娄迦谶(约 2 世纪)所译属大乘佛教,阐扬般若性空思想。大乘佛教后来逐渐成为中国佛教的主流,并深刻影响了中国哲学和文化。

魏晋时期,伴随着玄学的兴起和盛行,人们常用本土的中国哲学概念,特别是以当时流行的老庄思想去比附和解说佛教义理,这种方法被称为"格义"。晋代般若学思潮中的"六家七宗"就是格义佛教的典型代表。

一、六家七宗的般若空论 ★

"般若"是梵语的音译,指高于世俗知识的妙智,它被认为是涅槃成佛所必需的对于世界本质的认识。其基本内容是:无论是客观的万物万象("色法"),还是人的内在心理现象("心法"),都由因缘聚合而生,其自身并没有恒常不变的自性,所以都是虚幻不真的,不真即"性空"。

"六家七宗"是晋代佛教学者阐说般若空论的六个或七个派别,各派代表人物和主要思想如下:

1. 本无

(1)本无宗

本无宗的代表是道安,有无、本末都是王弼"贵无论"的重要概念。道安受其影响,用"无"和"有"比附般若学的"空"和"法"(现象),认为"空"是一切有形之物的本原和开端,但这明显不符合佛教"性空"思想的本义。

(2)本无异宗

本无异宗的代表是竺法琛、竺法汰。本无异宗强调空(无)在先、色法(有)在后,色法生于空,这其实是一种把空当作本原的宇宙生成论,也不符合般若空义。

2.即色

即色宗的代表是支遁。其思想包括两个方面:一方面,所谓空,并非指有形之物消失了才是空,而是说万物万象皆是因缘的聚合,所以都是没有自性的虚假存在。另一方面,把外部事物看成是空的,但同时却肯定了"心"的真实存在。

3.心无

心无宗的代表是支愍度、竺法蕴、道恒。这一派主张:"无心于万物,万物未尝无。"意思是只要根除"心"对万物的执着,万物即空。这种思想也承认"心"的存在,并认为空取决于人们对万物的否定性态度。

4.识含

识含宗的代表是于法开。该宗认为,世俗世界是不真实的,一切存在都是人们梦幻的产物,而心识则是梦乃至所梦之物的主宰。这种看法同样肯定了"心"的存在和作用。

5.幻化

幻化宗的代表是道壹。该宗主张世界上的事物都是虚幻的,但"心神犹真不空,是第一义",强调心神的真实存在。

6.缘会

缘会宗的代表是于道邃。该派主张事物因"缘会故有","缘散故即无"。这种看法实质上承认了"缘会故有"的事物的真实性,没有看到即便"缘会故有"的事物也是空而不真的。

二、僧肇的"不真空论"和"物不迁论" ★

僧肇,东晋著名的佛教哲学家,饱读经籍,尤其推崇老庄。他是鸠摩罗什的四大弟子之一。

1."不真空"

《不真空论》乃针对当时关于般若空义的各种不确理解而作。"不真空"的意思是“不真即空”“不真故空”。僧肇在阐释自己对空的理解时,虽然也运用了有、无等老庄哲学的概念,却精当地表达了般若空义,因此被誉为中土“解空第一”。

在僧肇看来,般若空义应完整表述为:事物既有又无,既非有又非无。有和无、非有和非无都是事物的本质,或者说都是事物本质的不同面相。

2.“物不迁”

“物不迁”的意思是一切事物都不变迁,即今天的事物只能永存于今天,而不会跑到其他时间去。

僧肇否定运动的最终目的在于阐扬佛教的业报轮回思想。“果”与“因”之所以不同在,是由于过去的“因”不会来到今天。因果报应必然使人堕入无尽的生死轮回中,唯有信从佛教,一点点积累不灭不迁的善业,方能得善果而解脱。

玄学的演变按时间顺序一般分为三种理论形态:贵无、崇有、独化。“六家七宗”和僧肇的佛教哲学继郭象的“独化论”而起,它们不仅运用玄学的概念,而且讨论的问题也与玄学密切相关。在此意义上,我们可把这一时期的思想形态称为玄佛合流。

三、隋唐的佛教宗派 ★★

佛教在隋唐时期迎来了发展高峰,其重要标志是兴起了天台宗、华严宗、禅宗、唯识宗等多样化的佛教宗派。佛教通过不断汲取中国哲学的理论资源而越来越中国化,以至与儒家和道家鼎立,最终成为中国思想和文化不可或缺的组成部分。

1.天台宗

天台宗由隋朝的智顗开创于浙江天台山,由于该宗依《法华经》而立,因此又被称为法华宗。印度的龙树被智顗的后继者追认为初祖。“三谛圆融”“一念三千”“性具善恶”“无情有性”等是天台宗最具特色的教义。

其中,“无情有性”把佛性泛化为遍及宇宙万物的存在,实质上等于提出了一种本体化的心性论,这对后世的中国哲学特别是对宋明理学产生了极其深刻的影响。

2.唯识宗

唯识宗由唐代高僧玄奘创立,所依经典是《瑜伽师地论》等所谓“一本十支”。唯识宗最显著的特征是概念烦琐、义理玄奥、论证复杂，这是它流传不远的原因。

3. 华严宗

华严宗的开创者是唐代高僧法藏，其所依经典是《华严经》，同时对天台宗、唯识宗的思想也有所吸收。

该宗在抹杀不同事物之间差异性的同时，变相地承认了作为假有的世俗生活的合理性，而由此则引申出一种修行不离世间、即“事”达“理”的宗教实践方式，这是佛教中国化的一个重要路径和特点。

4. 禅宗

“禅”是梵语“禅那”的简称，指静坐内观、寂心澄虑的精神修持方法。印度佛教本无禅宗，只有禅法、禅学；禅宗是佛教中国化的产物。

慧能大大促进了禅宗的传播和发展，慧能一宗后来不仅成为禅宗主脉，更深刻影响了中国哲学和文化。慧能主张的“即心即佛”和顿悟成佛对于佛教具有革命性的意义。简单来说就是世俗生活不再是必须逃离的苦海，而是可以身历其中。这一方面是对经典和偶像的破除，另一方面是对日用伦常的接受，禅宗由此成为大众化、世俗化的最具中国文化特色的佛教宗派。

第二部分　课后习题详解

1. 简述僧肇“不真空论”的基本思想。

答：僧肇的《不真空论》乃针对当时关于般若空义的各种不确理解而作。“不真空”的意思是“不真即空”“不真故空”。

僧肇认为，一方面，既然事物都是因缘聚合而生，故可谓“非真非实有”；另一方面，我们也不能因此就说事物是无，因为它们毕竟已经显现为有形有象的存在，也就是说“象形不即无”。对于任一事物，“非实有”与“不即无”这两个方面必须同时兼顾，缺一不可。

在僧肇看来，般若空义应完整表述为：事物既有又无，既非有又非无。说事物是无，是因事物确“有其所以不有”的根据；说事物是有，是因事物确“有其所以不无”的根据。由此，我们可以认为有和无、非有和非无都是事物的本质，或者说都是事物本质的不同面相。

2. 简述隋唐佛教的宗派划分以及禅宗的中国文化特色。

答：魏晋南北朝之后，经过与中国文化长期的互动融合，伴随着大一统国家的再生，佛教在隋唐时期迎来了发展高峰，其重要标志是兴起了天台宗、华严宗、禅宗、唯识宗等多样化的佛教宗派。

“禅”指静坐内观、寂心澄虑的精神修持方法，禅宗是佛教中国化的产物。禅宗作为佛教宗派直到五祖弘忍才基本成型，弘忍的两大弟子神秀、慧能分别开创了重渐修的北宗禅、主顿悟的南宗禅，大大促进了禅宗的传播和发展，而慧能一宗后来不仅成为禅宗主脉，更深刻影响了中国哲学和文化。慧能主张的“即心即佛”和顿悟成佛对于佛教具有革命性的意义。首先，既然成佛的依据是人的清净自心，成佛的途径在于瞬间领悟自性即佛性，那么，原先那些耗费时间和精力的修行方法，便都是不必要的了。其次，既然顿悟的要诀是不执着于外物和心念，于境而离境，那么，为成佛而遁世出家也就是不必要的了，修行者完全可以在日常生活中“自见本性”。由此，世俗生活就不再是必须逃离的苦海，而是可以身历其中的了。这一方面是对经典和偶像的破除，一方面是对日用伦常的接受，禅宗由此成为大众化、世俗化的最具中国文化特色的佛教宗派。

第三部分　典型习题详解

一、选择题

关于慧能的佛教哲学思想，下列相关说法不正确的是(　　)。

A. 反对繁文缛节，提倡简易的宗教仪式和修行方式

B. 众生与佛的区别只在迷与悟之间，所以修行成佛的关键在于脱开妄念遮蔽，彰显自性

C. 顿悟的要诀是不执着于外物和心念，即禁绝心对外物起念头

D. 世人性本自静，所以一切众生皆有佛性

【解析】慧能主张顿悟成佛，强调不执着于外物和心念，但这并不意味着禁绝心对外物起念头，而是要在念头起时即能觉察并回归自性清净。

【答案】C

二、填空题

1. 佛教把人的行为、言语、思虑称作“________”。

2. 隋唐以后中国佛教迎来了发展高峰，出现了多样化的佛教宗派，其中主要有天台宗、华严宗、________、________。

3. 每宗都有自己尊奉的经典，天台宗尊奉________，华严宗尊奉________，净土宗尊奉《阿弥陀经》等。

【答案】1. 业　2. 禅宗　唯识宗　3.《法华经》《华严经》

三、名词解释

六家七宗

答：六家七宗是指本无、即色、心无、识含、幻化、缘会六家，其中“本无”一家又分为本无宗与本无异宗，故称七宗。魏晋时期玄学盛行，佛教般若学说很快同玄学思潮交汇在一起，依附玄学来传播般若思想。由于玄学存在贵无、崇有、独化各派别的分歧，般若学受此影响，依附不同的派别，因而产生了既不完全等同于印度的大乘般若学说，又和玄学相异的中国式般若思潮。六家七宗各派虽然观点不一，互相质难，但它们又互相借鉴与吸收，从各个角度去阐释般若空论，共同发展了般若学说，加深了中国文化对佛学的理解。

第十八章　汉至隋唐的道教哲学

第一部分　考点归纳

道教是中国社会和文化孕生的本土宗教，其核心信仰是长生成仙，老子被神化为道祖，《道德经》被奉为立教经典。道教的起源可追溯至战国时期杂糅神仙思想和民间方术的方仙道，而具有特定的经典、思想信仰和组织系统的道教则成型于东汉末年。道教的发展在唐代达到了空前繁荣的局面。

一、东汉末年的“太平道”和“五斗米道”★

东汉末年的“太平道”和“五斗米道”是最早的两大道教组织。

1.“太平道”

“太平道”的创立者是于吉、张角，受到老子所谓“道生一，一生二，二生三，三生万物”的启发，将“太平”作为一种社会理想。“太平”是指父母子、君臣民同心同忧，凡事对任何人都一致，没有特殊，其中包括经济上的平均。

2.“五斗米道”

“五斗米道”的创立者是张陵。张陵死后，子张衡、孙张鲁先后继承其道。他们教导信徒诚信不欺，并诵习《老子》五千言。信徒违法则惩处，有病则自悔己过，治病方法与“太平道”相似。张鲁后来归服了曹操，“五斗米道”在江南传播开来，许多上层人士成为其信徒。其名称亦改为“天师道”，张陵则被尊为“张天师”，“天师道”后来演变成为道教的主流宗派。

二、两晋南北朝的道教哲学 ★

两晋南北朝是道教迅速发展的时期。这期间，对道教发展起到重要作用的人物有葛洪、寇谦之、陆修静、陶弘景等。

1. 葛洪

葛洪(约 284—364)，号“抱朴子”。他的哲学著作主要是《抱朴子・内篇》和《抱朴子・外篇》，前者属道家，后者属儒家。葛洪的著述和炼丹修仙虽以宗教信仰为目的，却“歪打正着”对中国古代的医学、化学作出了重要贡献。诺贝尔医学奖获得者屠呦呦从中草药中分离出用于疟疾治疗的青蒿素，正是受到了葛洪《肘后备急方》有关记载的启发。

2. 寇谦之

寇谦之(365—448)，北魏天师道的代表人物。在北魏太武帝的支持下，大力推行经他改造过的天师道。

由于寇谦之重视吸收儒家的伦理规范，经他改造过的天师道有利于帝王统治，因此他深得太武帝之崇奉而获封“国师”。不同于民间化的早期天师道，我们把寇谦之改造而形成的天师道称为“北天师道”或“新天师道”。

3. 陆修静

陆修静(406—477)，南朝刘宋时期天师道的改革者，经他改造的天师道被称为“南天师道”。

他广泛搜集、整理道教典籍，编定《三洞经书目录》，该书是道教史上最早的道经目录，其体例对于后世的道经编纂具有典范意义。

4. 陶弘景

陶弘景(456—536)，南朝齐梁时期道教上清派的领袖。他长期隐居句容茅山，是茅山宗的开创者。由于他曾经帮助梁武帝萧衍谋取政权，因此备受其尊崇。朝廷每遇军国大事，梁武帝常派人进山请教于他，许多官员也与他交往密切，故世称其为“山中宰相”。陶弘景博学多识，著述颇丰，对道教的发展有重要贡献。

三、唐代的道教哲学 ★

在帝王的大力扶持下，道教在唐代迎来了它的鼎盛时期。在思想领域，因应统治者调和三教的文化政策，成玄英、王玄览、司马承祯等道教学者通过吸收儒家和佛教的理论观念，使道教哲学的发展达到了高峰。

1. 成玄英

成玄英，字子实，唐初道士，曾被唐太宗召至长安，赐号“西华法师”，高宗年间被流放郁州(今江苏连云港附近)。他著有《老子疏》《庄子疏》等。

(1)构建了一个被称为“重玄学”的哲学体系，从存在论的角度对“道”进行描述。

(2)借鉴佛教大乘空宗的中观思想，以“遣之又遣”的论述逻辑提出“重玄”。

(3)把“道”推崇为天地万物的至上本体，它无形而生万象，无声而成五音，超越时间和空间，是没有对立面的唯一的最高存在。

(4)用“双遣”的方式讨论形而下的天地万物的存在特点，认为万物万象虽然丰富多样，但从本体的层面看，实质上都是虚幻的存在。

(5)主张在世俗生活中开展宗教实践，反对逃避现实。

(6)认为事物都是各种外部因素聚合的结果，因此都是虚假不真的，人的身体也是这样。既然形体只是假象，那么肉身成仙在根本上就是不可能、不必要的。相比于肉体成仙，成玄英更推重精神上与“道”合一的理想境界。这是一种超越了物我与是非的玄冥之境，它比那种粗糙的肉身成仙信仰更为精致，也更富有思辨性。

2. 王玄览

王玄览(626—697)，本名晖，“玄览”为道号。其著作有《玄珠录》等。

(1)强调“道”与万物的一体性。万物是多、道是一，同一个“道”可以因为“物”的不同而有不同的显现方式。

(2)把“道”“物”的关系具体化为“道”与众生的关系，“道”是永恒的，众生则是无常的存在。

(3)不看重肉身成仙，而是强调“心”的修炼，认为事物存在与否最终取决于“心”的作用。通过“坐忘”等方式，使“心”从变动操用中脱离出来，复归恒寂清净的本体。

3. 司马承祯

司马承祯(647—735)，字子微，陶弘景的四传弟子，与帝王关系密切。其著述甚多，《坐忘论》《天隐子》二书尤其值得重视。

司马承祯以老庄思想为基础，同时汲取佛教的修行理论，较为系统地提出了以“主静去欲”为基本精神的修炼思想。这种思想对后来的道教内丹学以及宋明理学“主静”“窒欲”“居敬”的工夫论都有重要影响。

第二部分　课后习题详解

1. 简述东汉末年道教的产生和发展过程。

答：道教的起源可追溯至战国时期杂糅神仙思想和民间方术的方仙道，而具有特定的经典、思想信仰和组织系统的道教则成型于东汉末年。东汉末年的“太平道”和“五斗米道”是最早的两大道教组织。“太平道”的创立者是于吉、张角，受到老子所谓“道生一，一生二，二生三，三生万物”的启发，将“太平”作为一种社会理想。“太平”是指父母子、君臣民同心同忧，凡事对任何人都一致，没有特殊，其中包括经济上的平均。“五斗米道”的创立者是张陵，其子孙先后继承其道。他们教导信徒诚信不欺，并诵习《老子》五千言。信徒违法则惩处，有病则自悔己过，治病方法与“太平道”相似。孙张鲁后来归服了曹操，“五斗米道”亦改为“天师道”，张陵则被尊为“张天师”，“天师道”后来演变成为道教的主流宗派。

2. 简述成玄英的重玄学思想。

答：重玄学是道教吸收佛教般若学的结果，以成玄英为代表人物。“玄”最早见于《老子》第一章：“玄之又玄，众妙之门。”以此为本，成玄英构建了一个被称为“重玄学”的哲学体系。

成玄英认为，“道”既不只是“有”，又不只是“无”，这是从存在论的角度对“道”进行描述。对于修道者来说，无论把“道”仅理解为“有”，还是仅理解为“无”，都违背“道”的“无滞”之性。为破除“有”与“无”的“双执”，必须把“道”既理解为“有”又理解为“无”，这是“一玄”。进一步，鉴于有人可能偏滞于此，所以必须再说“一玄”，把上一层面的“玄”也破掉，这就叫“玄之又玄”，即“重玄”。成玄英“遣之又遣”的论述逻辑借鉴了佛教大乘空宗的中观思想。

第三部分 典型习题详解

填空题

1. 东汉末年的“太平道”和“五斗米道”是最早的两大道教组织。“太平道”的创立者是于吉、________;“五斗米道”的创立者是________。

2. 两晋南北朝是道教迅速发展的时期。这期间,对道教发展起到重要作用的人物有________、________、陆修静、陶弘景等

3. 王玄览是唐初道教学者,受到________所谓“道”无所不在思想的影响,非常强调“道”与万物的一体性,其主要著作是________。

4. ________在位期间,组织编纂了历史上最早的道教经典总集《开元道藏》。

【答案】1. 张角 张陵 2. 葛洪 寇谦之 3. 老子 《玄珠录》 4. 唐玄宗

第十九章　韩愈和李翱

第一部分　考点归纳

唐朝中期以后，由于“安史之乱”给社会经济、政治和文化造成巨大冲击，哲学思想领域出现了一些新的现象和特点。其中，影响较大的是韩愈、李翱对佛道的批判和对儒家思想之正统地位的维护，以及柳宗元、刘禹锡对于天人关系的反思和新论。

一、韩愈 ★★

韩愈(768—824)，字退之，是位列“唐宋八大家”之首的著名文学家、思想家，古文运动的倡导者。其著作被编为《韩昌黎集》，其中《谏迎佛骨表》《原道》《原性》《原人》《与孟尚书书》等集中反映了他的哲学思想。

1. 排佛

道教和佛教在唐代达到极盛，儒家则相对衰微。以承续儒家“道统”为己任，韩愈对佛道展开了激烈的批判。他指出：

(1)在社会经济层面，佛教寺院会给国家经济造成沉重负担，势必危害社会的稳定和发展。

(2)从历史的角度看，种种历史教训表明，帝王“事佛求福，乃更得祸”。

(3)从夷夏之辨和文化传统的角度看，佛教原是“夷狄之一法耳”。韩愈认为佛教只追求一己之“清净空寂”违背了人伦常情和圣人之教，有使文明之华夏堕入夷狄的野蛮状态的危险。

2. 道统

在批判佛教的同时，韩愈根据儒家的基本理念和历史传承脉络，同时借鉴

佛教的“法统”说,构建了一个影响极为深远的儒家“道统”。主要内容是:

(1)儒家的仁义道德和政教秩序简明易行,儒家的伦理法则可以有效调节和规范自我与他人、内在精神生活与外在政治实践的关系。

(2)儒家之“道”有一个清晰的历史传承脉络,韩愈希望上接孟子,做儒家“道统”的当代传承者。

(3)“道统”论具有明确的“判教”作用。与儒家的仁义道德相比,老子所谓仁义不过是“一人之私言”;佛教则是夷狄之法,更与圣人之“道”大相背离。这样一来,只有他所推崇的孔孟之“道”才是唯一的正统了。

3. 性三品

在人性论上,韩愈首先把“性”看作人的天赋本质。他把人性分为上、中、下三个等次。

(1)上品之性为善,下品之性为恶,中品之性则因为受到不同的外在引导,既可能向上进而为善,也可能向下堕落而为恶。

(2)上品之性的人如果主动学习,就能自明其性而为善;下品之性的人如果畏惧威慑,就能减少罪过。发生变化的善和恶只是中品之“性”。

(3)韩愈把“情”定义为人接触万物而产生的主观反应。情有七种:喜、怒、哀、惧、爱、恶、欲。与性三品相对应,情也有上、中、下三个等次。

韩愈的思想深刻影响了后世的儒学。宋明时期理学大兴,绝大多数儒者皆以排“二氏”(佛道)、彰圣道为己任,韩愈则是批判佛道的先驱。另外,他所建构的儒家“道统”在宋明理学中也被普遍接受。因此,韩愈的思想可以说是宋明理学的先声。

二、李翱 ★

李翱(772—841),字习之。唐朝中期的文学家,古文运动的重要参与者。他的著作被编为《李文公集》,其中《复性书》一文最具哲学价值。

李翱对佛教采取的是“明排暗取”的态度,在批判佛教的同时,又以儒家的性善论为根本,借鉴佛教的佛性和修行理论,提出了“性善情恶”的思想。

1. 性善情恶

(1)性乃人的天赋本质。除了性,人还有情。天生而静的性必然发动而表现为后天之情，情是性的外在澄明和显性化。

（2）在性与情的道德属性问题上，他认为："情有善有不善，而性无不善焉。"关于情的善恶属性，李翱认为有两种情况：一种是昏妄之情会遮蔽善性，这种情是不善之邪情；另一种是合乎礼节的中和之情，是善性的恰切表现，所以是善的。

（3）桀纣之所以为恶徒，并不是因为他们的本性是恶的，而是由于其不善之情的迷惑。但即便是桀纣之类的恶徒，其不善之情也不会影响其性之善。

2. 复性

李翱提出了两个层次的复性工夫。

第一层次的工夫是"斋戒其心"：关键是断绝一切思虑，从而遏止情的产生。但是不能刻意求静，刻意求静不仅不能达到静以遏情的目的，反倒会因动静不息而导致情的产生。

第二层次的工夫是"寂然不动"：关键是回归本然之心，自觉此心原本无思无虑，这样就可以既不滞于动又不滞于静。这一层的工夫并不是说对外物一概"不睹不闻"，而是指在接触外物时不受所见所闻的拘系。

宋明理学所谓"存天理，灭人欲"的修养论与李翱的去恶情、复善性的修养论一脉相承。

第二部分　课后习题详解

1. 简述韩愈的"道统论"。

答：在批判佛教的同时，为对抗佛教，韩愈根据儒家的基本理念和历史传承脉络，同时借鉴佛教的"法统"说，构建了一个影响极为深远的儒家"道统"。他认为，儒家之"道"的核心是仁义，承载仁义道德的典籍是《诗》《书》《易》《春秋》，仁义道德落实在社会层面就是圣人建立的由君臣、父子、师友、昆弟、夫妇等构成的政治和伦理生活秩序，而礼乐刑政则是这一秩序得以维系的法则。

具体内容是：（1）儒家的仁义道德和政教秩序简明易行，儒家的伦理法则可以有效调节和规范自我与他人、内在精神生活与外在政治实践的关系。（2）儒家之"道"有一个清晰的历史传承脉络，韩愈希望上接孟子，做儒家"道统"的当代传承者。（3）"道统论"具有明确的"判教"作用。与儒家的仁义道德相比，老子所谓仁义不过是“一人之私言”,而非“天下之公言”;佛教则是夷狄之法,更与圣人之“道”大相背离。这样一来,只有他所推崇的孔孟之“道”才是唯一的正统了。

2. 简述李翱的“复性说”。

答:既然人性本善,那么以成圣为最终目标,自我修养以复归善性的工夫着力点便在于祛除邪妄之情的遮蔽。为此,李翱提出了两个层次的复性工夫:第一层次的工夫是“斋戒其心”:关键是断绝一切思虑,从而遏止情的产生。但是不能刻意求静,刻意求静不仅不能达到静以遏情的目的,反倒会因动静不息而导致情的产生。第二层次的工夫是“寂然不动”:关键是回归本然之心,自觉此心原本无思无虑,这样就可以既不滞于动又不滞于静。这一层的工夫并不是说对外物一概“不睹不闻”,而是指在接触外物时不受所见所闻的拘系。

第三部分 典型习题详解

一、选择题

韩愈在哲学史上的贡献,主要在于其构建了一个影响极为深远的儒家“道统”。下列说法不符合其思想的是(　　)。

A. 儒家之“道”的根本内容是:博爱之谓仁,行而宜之之谓义,由是而之焉之谓道,足乎己而无待于外之谓德

B. 儒家之道有一个清晰的历史传承脉络,即尧、舜、禹、汤、文、武,孔子、孟子、荀子、扬雄等之间的思想传承

C. 韩愈的“道统论”具有明确的“判教”作用,是他力图厘清所谓儒家“正统”的体现

D. 儒家的仁义道德和政教秩序简明易行,可以有效调节和规范自我与他人,精神与实践的关系

【解析】韩愈构建的儒家“道统”中,并未包含荀子,因为他认为荀子“大醇而小疵”,偏离了儒家正道。

【答案】B

二、填空题

1. 韩愈理论上反对佛教、道教的著作，也就是他最主要的哲学著作是________。正是在这篇文章里，他提出了一个对抗佛老“法统”的“________论”。

2. 韩愈为了阐扬他的“道统论”，特别推崇“四书”中的________；李翱为给他的“复性说”提供理论依据，特别推崇“四书”中的________。

【答案】1.《原道》 道统 2.《大学》《中庸》

三、简答题

试论韩愈、李翱的性情论及其区别。

答：(1)韩愈的性情论把“性”看作人的天赋本质，把人性分为上、中、下三个等次。他认为：

①上品之性为善，下品之性为恶，中品之性则因为受到不同的外在引导，既可能向上进而为善，也可能向下堕落而为恶。

②上品之性的人如果主动学习，就能自明其性而为善；下品之性的人如果畏惧威慑，就能减少罪过。发生变化的善和恶只是中品之“性”。

③人有喜、怒、哀、乐、爱、恶、欲七情。情有三品，上品的七情合乎中道，中品的七情或过多或过少，下品的七情不知节制，不是过多就是过少。

④在性情关系上，韩愈认为性是先天的，情是在后天的影响下生成的，主张克制情欲以改善人性。

(2)李翱的性情论发展了韩愈的性三品说，阐述了性善情恶的观念。他认为：

①人性本善，情是恶的。人之所以能成为圣人，是因为人性本善，而人性之所以迷惑不清，是因为人的情欲是恶的。

②天生而静的性必然发动而表现为后天之情，情是性的外在澄明和显性化。

③复性去情，要恢复人本来的善性，必须祛除邪妄之情。

(3)二者区别：

①韩愈讲性三品，李翱讲人性本善。韩愈没有以情为恶，而李翱却以情为恶。

②韩愈认为七情合乎中道才是圣人，而李翱认为圣人在于摆脱情欲的束缚。

③韩愈追求仁义本性，李翱将“清净”本性看成仁义道德的基础。

(4)对二者的评价：

与韩愈把情三品与性三品简单、机械地对应起来的人性论相比，李翱的性善情恶论及其复性说既继承了儒家传统的性善论，又提出了相应的修养思想，因此显得更为系统、精致。不过，李翱的性善情恶论也存在着一定的逻辑矛盾。尽管如此，李翱的“去恶情、复善性”的思想完善了儒学的心性理论，开启了宋明理学所谓“存天理，灭人欲”的修养论的先河。

第二十章　柳宗元和刘禹锡

第一部分　考点归纳

柳宗元和刘禹锡都是唐朝中期著名的文学家，在哲学方面，柳宗元主张“天人不相预”，刘禹锡主张“天人交相胜”，二者都继承了王充以来的元气自然论的思想传统，同时又将其发展到了新的理论高度。

一、柳宗元 ★★

柳宗元(773—819)，字子厚。他的著作被编为《柳河东集》，其哲学思想主要体现在《天说》《天对》《封建论》《非国语》等文章中。

1.“惟元气存”的宇宙观

(1)宇宙的原初状态是混茫幽暗、不可述说的，其间并没有神秘的主宰者，往来变化的只有无意志的元气。这是一种一元主义的宇宙观。

(2)元气浑然充满于天地之间，由元气分化而成的阴阳二气的变化导致四季寒暑轮替。功和祸都是人们自身的所作所为导致的结果，其背后并没有赏善罚恶的神秘力量。

(3)天地万物的变化都是事物自身运动的结果，并且事物的运动并没有任何目的性，更不是为人而动，而导致运动的根本原因则是阴阳二气。

(4)基于元气自然论的宇宙观，柳宗元深刻检讨和批判了荒谬的天人感应思想，认为正确的态度是对自然现象和天绝不作神秘的理解。

(5)政权兴衰、人事吉凶的决定性力量不在于天命，而在于人为。其中的关键是统治者必须坚持仁义之道，那些“丧仁”而一味迷信祥瑞护佑的政权一定不可能长久。统治者要实现国家的长治久安,必须在制度和治术方面积极作为,而不必在意自然灾异。

(6)在强调"天"不能作用"人"的同时,忽视了"人"可以反作用于"天"。

2. 重"势"的社会历史观

柳宗元认为,使民众的生存意愿得到满足是统治者的首要任务,也是政权存续的合法性根基,"势"则是由民众的生存意愿决定的社会历史发展的客观规律和必然趋势。

(1)封建制度并非像传统儒家所说的那样,乃是圣人的天才创造,而是社会政治发展的结果。"势"是历史发展的决定性因素,任何人都无法违背。

(2)封建制后来被秦之郡县制所取代,也是"势"使之然,符合客观历史规律的要求。

柳宗元一面指出封建制已被社会发展规律所淘汰,丧失了现实存在的合理性,一面肯定郡县制取代封建制的积极意义,体现了一种非常可贵的进步主义历史观。

二、刘禹锡 ★★

刘禹锡(772—842),字梦得,与柳宗元并称"刘柳"。他的著作被编为《刘梦得集》,其中《天论》乃针对柳宗元的《天说》而作,具有重要的哲学价值。

1. "天人交相胜"

有形之物皆各有所能与所不能。天与人各有所能,各有胜于对方的长项,这就叫"天人交相胜"。

天可以生养万物而胜于人,却不能干预人类社会的治乱兴衰;人类虽然可以治理万物而胜于天,却不能干预四季的寒暑更替。人类可以通过创造性的实践活动,构建社会规范和秩序,以求胜于天。

2. "数"与"势"

"数"是指事物的本质规定及事物之间的内在关系,"势"是由"数"所决定的事物运动的必然趋势和规律。"数"与"势"都依附于具体事物,善于把握"数"与"势"有助于人们更为有效地驾驭事物。

任何事物都各有所短、各有所长,而不同事物的"交相胜"恰恰可以使其"还相用”，即互为资用或相互为用。

3. 人胜于天

宇宙的开端是一团重浊之气，气的运动导致不同事物的生成，由于人在所有动物中最有智慧，因此就能通过构建社会规范和秩序来“与天交胜”。

第二部分　课后习题详解

1. 简述柳宗元的“天人不相预”思想。

答：(1)无意志的元气是宇宙万物的共同本原，万物之间的关系及其变化是自然而然的，那种认为天能赏善罚恶的观念是非常荒谬的。(2)天地万物的变化都是事物自身运动的结果，并且事物的运动并没有任何目的性，更不是为人而动，而导致运动的根本原因则是阴阳二气。(3)基于元气自然论的宇宙观，柳宗元深刻检讨和批判了荒谬的天人感应思想，认为正确的态度是对自然现象和天绝不作神秘的理解。(4)政权兴衰、人事吉凶的决定性力量不在于天命，而在于人为，其中的关键是统治者必须坚持仁义之道，那些“丧仁”而一味迷信祥瑞护佑的政权一定不可能长久。统治者要实现国家的长治久安，必须在制度和治术方面积极作为，而不必在意自然灾异。

柳宗元把他的上述思想概括为“天人不相预”，但他在强调“天”不能作用“人”的同时，忽视了“人”可以反作用于“天”。

2. 简述刘禹锡的“天人交相胜”思想。

答：有形之物皆各有所能与所不能。天与人各有所能，各有胜于对方的长项，这就叫“天人交相胜”。天可以生养万物而胜于人，却不能干预人类社会的治乱兴衰；人类虽然可以治理万物而胜于天，但却不能干预四季的寒暑更替。人类可以通过创造性的实践活动，构建社会规范和秩序，以求胜于天。

任何事物都各有所短、各有所长，而不同事物的“交相胜”恰恰可以使其“还相用”，即互为资用或相互为用。人在所有动物中最有智慧，因此就能通过构建社会规范和秩序来“与天交胜”。

第三部分 典型习题详解

一、填空题

1. 在哲学方面,柳宗元主张“________”,刘禹锡主张“________”,二者都继承了王充以来的元气自然论的思想传统,同时又将其发展到了新的理论高度。

2. 刘禹锡继承和发展了柳宗元的天人关系说,而著有________一文,全面透彻地阐发柳文未尽之处。

【答案】1. 天人不相预 天人交相胜 2.《天论》

二、简答题

柳宗元的社会历史观有哪些基本内容?

答:柳宗元认为,政权能否长久取决于统治者是否仁义。使民众的生存意愿得到满足是统治者的首要任务,也是政权存续的合法性根基,“势”则是由民众的生存意愿决定的社会历史发展的客观规律和必然趋势。

(1)封建制度并非像传统儒家所说的那样,乃是圣人的天才创造,而是社会政治发展的结果。“势”是历史发展的决定性因素,任何人都无法违背。

(2)封建制后来被秦之郡县制所取代,也是“势”使之然,符合客观历史规律的要求。秦二世而覆不是郡县制的问题,而是由于秦朝施行的残暴刑罚和苛税劳役等。

柳宗元一面指出封建制已被社会发展规律所淘汰,丧失了现实存在的合理性,一面肯定郡县制取代封建制的积极意义,体现了一种非常可贵的进步主义历史观。

第三编

宋至清代的哲学

第二十一章　周敦颐和张载

第一部分　考点归纳

北宋初期，社会上出现了一股儒学复兴的思潮，这一思潮的基础是唐代韩愈以来的古文运动，主要表现是尊经排佛、崇道抑文，同时也为后来的理学（道学）创立奠定了思想基础。

北宋中期的周敦颐和张载是道学创立初期的两位重要代表，他们分别以“太极”和“气”为基础，通过哲学性的思考方式建构了一个天道性命相贯通的形上体系，体现了天人合一思想在宋代理学中的新发展。

一、周敦颐：太极本体 ★★

周敦颐（1017—1073），字茂叔，被尊为道学开山，在《宋史・道学传》中被列为道学之首。他的主要著作有《太极图说》和《通书》，二者是对中国经典《周易》和《中庸》思想的结合性阐释。他还有名篇《爱莲说》，特别称赞“莲之出淤泥而不染”，对本来属于佛教的莲花这个意象进行了重新塑造，使之成为儒家君子的象征。

1. 孔颜乐处

在儒家思想里，人生中有比富贵更值得追求的东西，这就是道德价值和理想人格。当一个人以超功利的态度面对自身的贫贱时，就达到了“见其大而忘其小”，具有内心的充实之乐。

“孔颜乐处”问题的实质，是为人的道德修养和道德行为寻找心性上的依据，展现了北宋道学家对道德的思考和理解，强调真正的道德行为不是出于功利，而是道德本身有一种具有内在自足感的“乐”，也就是说，不从道德行为的动机或者结果来看，而是强调道德所具有的精神境界内涵。

2. 太极与诚

周敦颐依据《周易》建立了一个天道性命相贯通的体系，为道德性命寻找形上根基，并将《周易》的“太极”与《中庸》的“诚”相互阐释，形成了从太极到人极的天人关系架构。

(1)“太极”：既可以理解为无形无限的、混沌未分的原始物质，也可以认为它是一种本体性存在的形上之理。周敦颐对“诚”的论述，更突出了太极本体的含义，将“太极”从汉唐哲学的“元气说”发展为“形上之理”的解读，这也成为后来宋明理学的主要解释路向。

(2)“诚”：周敦颐在《通书》中说“诚者，圣人之本”，确立人类道德价值标准的圣人，是太极在人身上的最高体现，也就是说，“诚”作为人的本性是道德的最高原理。

二、张载：太虚即气 ★★★

张载(1020—1077)，字子厚。他的主要著作有《正蒙》《横渠易说》《经学理窟》。他所说的“为天地立心，为生民立命，为往圣继绝学，为万世开太平”四句话，成为后世许多儒家知识分子的人生理想和使命。

张载以气本论的方式对天人关系作出了不同的体系架构。

1. 太虚即气

张载的哲学思想是气本论，“太虚即气”是这一思想的核心命题。张载认为宇宙中并没有真正的空间上的“虚”或时间上的“无”的阶段，虚空本身也是气的存在形态。无形无象的太虚是气的本来状态，而气之聚散又形成万物，可见，太虚与气实际上是统一的。

2. 一物两体

(1)宇宙运动的依据在于气自身所具有的动静相感的本性，“太和所谓道，中含浮沉、升降、动静、相感之性”，这里气的“浮沉、升降、动静”都是相对立的二者，张载称之为“两体”。

(2)“一物两体”的观点，是解答无形无象的太虚之气能生成宇宙万物、气能够生生变化不已的内在动力问题，强调对立和统一互为存在的条件。

(3)张载用“感”来描述两体的相互作用和联系。“一物两体”是万物能够相感的逻辑前提，因为只有两体才能相感，而二者的相感也就意味着彼此能相通，“通”就是以一合异。

3. 德性所知

张载基于“太虚即气”的本体论进一步讨论了人性的问题。

一方面，人的本性根源于太虚的本性，不同的个体都禀受了太虚之性，这种清虚湛一的太虚之性下贯在人身上，表现为仁义礼智这种价值上的善性，张载称之为“天地之性”。另一方面，每个人的气质又有清浊、昏明的不同，因而人各有差别。这种因气聚成形后而具有的性，张载称之为“气质之性”。

张载提出了“大其心”的思想，认为性与心的区别是心具有知觉的能力。“大其心”能够超出感性见闻的范围，充分发挥思维的能力，心知本于见闻而又不局限于见闻，从而使得个体存在者具有了突破有限的可能性，是一种“德性所知”。

张载所讲的变化气质、德性之知，是要人们觉知到自己内心的天地之善性，觉知到自己对他人的这种感通关系，并进而通过“学”来改变气质之性对天地之性的遮蔽，达到与天地万物同体的境界

4. 民胞物与

“民胞物与”的思想基于张载的气本论，因为宇宙世界的一切都是气的不同形态的呈现。“乾称父，坤称母”，天人同此一气，乾坤所象征的天地可以说是“我”的父母，所以天下之人皆是“我”的同胞，此所谓“民吾同胞”；万物共此一气，所以天下事物都与“我”相关联，此所谓“物吾与也”。

第二部分　课后习题详解

1. 谈谈周敦颐对“孔颜乐处”精神旨趣的理解。

答：周敦颐特别重视思考为什么孔子和颜回身处他人所不能忍受的贫贱境遇，却依然能够安然自得。他认为在儒家思想里，人生中有比富贵更值得追求的东西，这就是道德价值和理想人格。当一个人以超功利的态度面对自身的贫贱时，就达到了“见其大而忘其小”，具有内心的充实之乐。颜子所乐并非贫贱

本身,而是道德修养让其达到了一种超越追求富贵名利的人生境界,从而即便贫贱也不能改变这种精神之“乐”。周敦颐对“孔颜乐处”的理解展现了北宋道学家对道德的思考和理解,强调真正的道德行为不是出于功利,而是道德本身有一种具有内在自足感的“乐”,也就是说,不从道德行为的动机或者结果来看,而是强调道德所具有的精神境界内涵。

2.谈谈张载对“一”和“两”关系的理解。

答:张载“一物两体”的观点,是解答无形无象的太虚之气能生成宇宙万物、气能够生生变化不已的内在动力问题。一方面,这个世界不能是浑沦的、整全无分的“一”,因为这样的世界是内部没有变化动力的一团死寂。比如没有黑夜和白昼的区分,就无法产生昼夜的更替,因此应该有对立的、分化的“两”。另一方面,也不能只有截然二分、不可转化的“两”。如果世界有分化但是没有转化的可能,也就不可能具有生生不已的变化。比如黑夜和白昼都不是世界永恒的样子,一定要有昼夜的不断更替,因此应该有推行于“一”的转化。张载强调对立和统一互为存在的条件。

张载用“感”来描述两体的相互作用和联系。可见“一物两体”是万物能够相感的逻辑前提,因为只有两体才能相感,而二者的相感也就意味着彼此能相通,“通”就是以一合异。

第三部分　典型习题详解

一、选择题

1.“民胞物与”是张载著名的哲学思想。下列对这一思想的解说和评价不正确的是(　　)。

A. 天地万物与人共同以气为本源,互相连通,所以天下之人皆可称为“我”的同胞,万物皆可称为“我”的伙伴

B.“民胞物与”以张载的气本论为基础,气本论主张宇宙世界的一切都以不同形态的气呈现

C.“民胞物与”体现了张载万物一体之仁爱的价值观,是一种极高的思想和人生境界

D.“民胞物与”体现了张载的博爱思想，在这点上，其与墨家“兼爱”思想一致

【解析】“民胞物与”体现了张载的博爱思想，但它与墨家的“兼爱”思想在本质上是不同的。张载的博爱是基于其气本论和万物一体的哲学观念，强调人与万物的内在联系和相互依存；而墨家的“兼爱”则是一种无差别的爱，不区分亲疏远近。

2.“太虚即气”是张载气本论的核心命题。下列说法最不符合其意思的是（　　）。

A.“太虚即气”是张载站在儒学立场应对佛道空无思想的挑战所作出的积极回应

B. 因为太虚是一个虚空的场所，所以气才能在其中聚散变化，形成万物

C. 无形无象的太虚乃气的本来状态，因而太虚与气是统一的

D. 宇宙中并没有空间上的“虚”和时间上的“无”，气在时空上是永恒的

【解析】在张载的气本论中，太虚并非一个虚空的场所，而是气的本来状态，即无形无象、充塞宇宙的气之本体。气在太虚中聚散变化，形成万物，但太虚本身并不等同于虚空

【答案】1. D　2. B

二、填空题

1. 周敦颐将________和________两书结合起来，提出了________的思想，将其提高到本体论的高度。

2. 周敦颐提出了________的思想，即如何使自己身处贫困中，却依然能够安然自得，对二程有重要的影响。

3. 张载在《西铭》中提出了________的重要思想，这种万物一体之仁的价值观是张载的思想和人生境界的最好体现。

4. 张载最著名的言论是“________，为生民立命，为往圣继绝学，________”。这四句话成为后世许多儒家知识分子的人生理想和使命。

5. 两宋理学中有“濂、洛、关、闽”四大学派，其中的“濂”是________，“关”是________，“洛”是居住洛阳讲学的程颢、程颐二兄弟，而“闽”则是指身居福建讲学的理学集大成者朱熹。

【答案】1.《周易》《中庸》“诚” 2.孔颜乐处 3.民胞物与 4.为天地立心 为万世开太平 5.周敦颐 张载

三、简答题

1.简析周敦颐的“诚者,圣人之本”。

答:“诚者,圣人之本”是周敦颐在《通书》中提出的观点,即“诚”是圣人之所以为圣人的根本。在他的思想中,“诚”确立了人类道德价值标准的圣人,是太极在人身上的最高体现,也就是说“诚”作为人的本性是道德的最高原理。周敦颐把“诚”提到了很高的位置,它不仅是一切的根本,是圣人的境界,而且也是一种工夫论,即“诚”作为一种工夫,就是要改正一切不善的行为而恢复本然之善。

2.简述张载民胞物与的思想。

答:“民胞物与”的思想出自张载《西铭》篇中“民吾同胞,物吾与也”一句。“民胞物与”的思想基于张载的气本论,因为宇宙世界的一切都是气的不同形态的呈现。“乾称父,坤称母”,天人同此一气,乾坤所象征的天地可以说是“我”的父母,所以天下之人皆是“我”的同胞,此所谓“民吾同胞”;万物共此一气,所以天下事物都与“我”相关联,此所谓“物吾与也”。张载的这一思想被后来封建时代的知识分子所广泛认同,并鼓舞着他们以天下为己任,救民于水火,对他们的文化心理结构产生了重要的影响。

第二十二章　程颢和程颐

第一部分　考点归纳

程颢（1032—1085），字伯淳，世称“明道先生”；程颐（1033—1107），字正叔，世称“伊川先生”，二人并称“二程”。二程的著作和言论被后人编为《二程全书》，包括《二程遗书》《二程外书》《二程文集》，以及程颐的《伊川易传》等。

近代的中国哲学大家冯友兰先生认为，程颢开启了陆王心学一系，而程颐则开启了程朱理学一系。

一、天理与性理 ★★

“理”或者“天理”是二程思想的基础和核心。我们现在日常语言中的“天理难容”“没天理”等表达，在内涵和精神上就继承自理学。

1. 道与天理

（1）天理

二程对“天理”的阐释与其对“道”的理解有关。北宋道学的时代任务就是重建两汉特别是隋唐以来受佛、道教冲击的儒家精神传统，体知圣人之道，而这个道就是“理（天理）”。

二程要思考的是一种普遍的、永恒存在的东西，它能够作为贯通自然与社会的普遍性基础，这就是“天理”。

具体到“理”的内容，既包括自然世界的物理，也包括人类社会内部的伦理。

（2）形上与形下的区别

凡是具体的、有生灭的东西属于形而下之器，而抽象的、永恒的、不能用感性直接把握的就属于形而上的道。

形上形下的区分是思维方式上的,永恒的、普遍存在的天理就属于形而上的层面,而正是这种区分为哲学思考创造了空间。

对于道与器、形上与形下的关系,既要强调其在思维层面的分别,也要注意其在现实层面的不分,两个方面要结合起来,不可偏执一边。

2. 性即理

具体呈现在个体之中的道德本质可以称为"性理"。"性理"是二程在"天理"架构下对先秦儒家孟子一系性善论的再诠释。在"天人一理"的思想下,人性所禀赋的性理本质上也是源自天道的天理,在本原上而言都是善的,因此人性从溯本而言也应该是善的。

程颐认为性即理,天理未有不善,则人性推本溯源皆是善的;程颢则认为,人生气禀有善有恶。但善与恶并不是在人性中相对的二者分别产生出来的,所谓的"恶"就是善的过或者不及。

二、识仁与定性 ★★

二程对"天理"有共同的理解,但在具体的为学和工夫方法上却大不相同。

1. 识仁:与物同体

识仁是程颢工夫论的主旨。程颢认为"仁"在根本上是一种最高的精神境界,体现为与天地万物为一体。一个真正达到"仁"的人,必然能够感受到天下万物与己身相关。万物在感通之时皆是"我"的一部分,仁者能自觉到自我与万物的同体关系。

古代圣贤之所以是仁者,不仅在于他们自身具有道德修养,还在于他们能够时时觉知到自己对天下生民的责任。

2. 定性:以理化情

程颢的识仁所强调的"与物同体",在个体的修养工夫上表现为物我兼照、内外两忘,也就是"定性"。"定"并不是让内心不活动,而是要在心灵当下活泼泼的状态中获得宁静;也不是对外物不反应,而是要在应接外在纷杂的事物和事务时,心灵不为外物所牵引。"定性"的关键在于"廓然而大公,物来而顺应",让内心有所主,从而在面对外物时能够循理而动,而不以情伤理、以物累心。

在程颢的工夫论中，识仁与定性是贯通的：真正的仁者与天地万物为一体，故而没有内外、物我之分，也就是定性的内外两忘。

三、主敬与穷理 ★★

1. 涵养用敬

“敬”是程颐的主要修养方法。程颢也重视敬，但更强调敬乐合一的境界，不以恭敬严肃伤害心境的和乐；程颐的“敬”则除了内心的庄重外，还有外表的严肃，在内外两个方面提出要求。“敬”的外在要求是整齐严肃，从衣着容貌到行为举止都要合于礼仪的规范，要时时检省自己。内在修养则是平静踏实，合乎道德法则和规范。

2. 格物穷理

“格物”“致知”出自《大学》，二程对《大学》非常重视，将从格物到治国、平天下的八条目作为修养工夫的基础，其中对格物的理解成为贯穿整个宋明理学的重要问题。

把格物解释为穷理，是程颐的重要阐释，将格物致知的工夫论与形上天理的本体论贯通起来，形成了理本论上的修养方法。程颐强调物无分于内外，因此格物穷理的方法也是多样的：读书讲明义理，讨论古今人物的得失是非，应接事物而处理合宜，这些都是在穷理。因为事物各有其理，所以都要通过“格”的方法去知晓。但事物是无穷的，因此一一格物既不可能，也无必要，格物的过程积累得多了，就会认识到事物背后的普遍之理。

“格物穷理”并不完全对应于科学。不过这一思想自从程子拈出，就成为整个北宋以后理学话语的重要命题。及至明末清初受到西方自然科学的冲击，产生了诸如《格致草》这样的科学和博物学著作，才开始将中国传统的格物思想与西方的科学精神相融通。

第二部分　课后习题详解

1. 谈谈二程对“天理”的理解。

答：“理”或者“天理”是二程思想的基础和核心。他们要思考的是一种普遍的、永恒存在的东西，它能够作为贯通自然与社会的普遍性基础，这就是“天理”。“理”是不生不灭的最根本存在,具体到“理”的内容,既包括自然世界的物理,也包括人类社会内部的伦理。比如自然界运行的法则、事物的具体性质和规律、人伦社会的道德法则、个体之中的道德本质等。

2.谈谈二程在修养工夫方法上有什么区别。

答:二程在具体的为学和工夫方法上的不同点主要有:(1)程颢的工夫论更侧重合内外物我,自然体贴,不废穷索,通过以身体道而达到与万物为一体的和乐境界。识仁是程颢工夫论的主旨。他认为“仁”在根本上是一种最高的精神境界,体现为与天地万物为一体。识仁所强调的“与物同体”,在个体的修养工夫上表现为物我兼照、内外两忘,也就是“定性”。人应该在应接外在纷杂的事物和事务时,心灵不为外物所牵引,让内心有所主,从而在面对外物时能够循理而动,而不以情伤理、以物累心。(2)“敬”是程颐的主要修养方法。程颢的“敬”更强调敬乐合一的境界,不以恭敬严肃伤害心境的和乐;而程颐的“敬”则除了内心的庄重外,还有外表的严肃,在内外两个方面提出要求。“敬”的外在要求是整齐严肃,从衣着容貌到行为举止都要合于礼仪的规范,要时时检省自己。除此之外,程颐将格物致知的工夫论与形上天理的本体论贯通起来,形成了理本论上的修养方法,即事物各有其理,都要通过“格”的方法去知晓。格物的过程积累多了,就会认识到事物背后的普遍之理。

第三部分　典型习题详解

一、选择题

“天理”是二程的核心观念,也是宋代儒学的重要哲学史贡献。下列说法最不符合其意思的是(　　)。

A. 二程的目的是为人类寻找一个贯通自然与社会的永恒、普遍的基础性观念,“天理”是他们的结论

B. “天理”是不生不灭的客观存在,不为尧存,不为桀亡

C. “天理”在人身上即体现为“义理”,在物上面即体现为“物理”,也就是其科学规律

D. “天理”属于事物的形而上层面,它与事物本身的实际存在形成“道与器”

的关系

【解析】虽然“天理”具有普遍性和客观性，但二程更强调其作为道德本原和伦理规范的意义，而非纯粹的科学规律或客观存在。

【答案】B

二、填空题

1.“北宋五子”是指________、________、________、________、邵雍。

2.程颢和其弟弟程颐并称________。因为他们长期在洛阳讲学，所以传统上称他们的学派为________。他们强调以________作为哲学的最高范畴。

3.程颢年轻时曾经从学于周敦颐，周敦颐让其________。

4.二程创立的道学是以________、________、________为主要对立面的。

5.在程颢的工夫论中，________与定性是贯通的：真正的仁者与天地万物为一体，故而没有内外、物我之分，也就是定性的________。

【答案】1.周敦颐　张载　程颢　程颐　2.二程　洛学　理　3.寻颜子、仲尼乐处，所乐何事　4.辞章　训诂　佛老　5.识仁　内外两忘

三、名词解释

“定性”说

答：程颢对定性的阐述缘起于张载的致信请教，“定性未能不动，犹累于外物”，朱熹认为这个“定性”实际上就是“定心”。程颢认为“定”不是要停止内心的活动，而是要在应接外在纷杂的事物和事务时，心灵不为外物所牵引，让内心有所主，从而在面对外物时能够循理而动，而不以情伤理、以物累心。另外，“定性”说还强调对已经发生或者尚未到来的事情自然顺应，内心合理自然，不以物我、内外、公私之分。

第二十三章　朱熹的哲学

第一部分　考点归纳

朱熹(1130—1200),字元晦,号晦庵,晚号遁翁。他兴建了白鹿洞书院,还曾与张栻在岳麓书院讲学,是南宋时期最有声望的学者,与吕祖谦、张栻被合称为“东南三贤”。

朱熹是理学的集大成者。他推尊周敦颐为道学宗主,并吸收了张载、邵雍以及二程的思想,特别是继承了程颐的思想,故而这一派被称为“程朱理学”。

朱熹终身致学,经史子集无所不窥,著作颇丰。其中比较重要的有《四书章句集注》《四书或问》《太极解义》《周易本义》《诗集传》等。他特别重要的贡献就是将《论语》《孟子》《大学》《中庸》合编为“四书”。朱熹的学说不仅深刻地影响着元代以后的中国思想界,还传播到东亚诸国。他是一位具有典范意义的文化名人。

一、理气论 ★★

朱熹哲学思想体系的基本范畴是理、气。

1. 太极与理

(1)朱熹认为“无极”是形容太极之无形,而“太极”是理,因此太极并不是别有一物,而是指事物背后无形不可见的形上之理。

(2)“理”的内涵和性质:事物都有其之所以如此的道理,也有其不得不如此的理则,自然之理和伦常之理都是如此。人类社会的种种法则也是宇宙普遍原理的一种体现。

(3)“气”是形成具体事物的形质之源，具体事物的生灭存亡就是气的聚散变化，而理是永恒的、普遍的，无所谓生灭。

(4)理气关系：一切事物都由理与气构成，气是构成事物的材料，理是事物的理则，是气聚散变化的根据。

2. 理气先后

(1)从本源上来说，理在气先、理在事先。这是说具体的事物还未形成之前，事物之理已经存在。朱熹认为形上之理在本原上相对于形下之气具有先在性，因此他的理学可以称为“理本论”。

(2)从现实的时间先后而言，理气二者不离，不能说有先后之分；但是从事物的本原来说，理更加根本，对事物的性质和气的聚散变化具有决定性的作用。

(3)理不会随着具体事物的存亡而生灭，是从事物的普遍性来说的；具体事物生成后，形上之理才能在事物上体现其用，是从事物的个别性来说的。理相对于气而言逻辑在先，是强调理的重要性。

3. 理气动静

动静属于现实世界的具体表现，而太极本身不可以动静来描述。太极作为事物之所以能够动静变化的理，自身并不动静，所谓动静其实是指理所乘的气具有动静，强调的是理的能动性。

4. 理一分殊

程颐指出张载的思想是既肯定万物一体，又强调了在一体之仁中，个人对不同的人以及物的仁爱有不同的具体表现。由此，朱熹特别指出“理一分殊”重在“分殊”，也就是理在不同事物上的具体表达。

(1)之所以会产生各种不同的物类以及人，是因为气质禀赋的不同，体现了万物所共的“理一”与气禀影响的“分殊”之理的关系。

(2)“分”不是“分裂”的意思，“理一分殊”阐释的是“一”与“多”的关系，是宇宙本体的太极与万物之性的关系。

(3)天地万物之理是太极，就是理一。“理一分殊”是要在分殊之中见理一，“万物共一太极”的这种万物一理，不是说天下万物的分殊之理是直接同一的，而是说分殊之理是同一普遍规律的具体表现。

二、心性论 ★★

1. 性即理

朱熹继承了二程“性即理”的说法，同时吸收了张载关于“天地之性”与“气质之性”的区分，提出了“天命之性”和“气质之性”。

(1)天命之性是指人的善性禀受于天理，人的本性与天地之理相贯通。

(2)气质之性是指人禀受的气质有清浊偏全的不同，气质的昏浊和偏塞是人性之恶的原因，这就从先天依据上解释了恶的品质的来源问题。

2. 心统性情

朱熹基于理气观对张载提出的“心统性情”命题作出了发展。

(1)喜、怒、哀、乐这些情感的未发状态便是性，已发状态便是情，性是体，情是性体之发用。

(2)性、情关系不仅是性为体、情为用，而且性体情用的主体是心，也就是性是心之体，情是心之用，心为统贯性情之主，这就是“心统性情”。

(3)恻隐、羞恶、辞让、是非的四端之心并不是“心”，而是人的道德情感，在朱熹的思想中属于“情”；情之发用是性体的具体表现。

(4)在“心统性情”的心、性、情关系中，作为心体的性禀受天理，因此心本身也是具众理的。这种有知觉并且包含众理的心灵，就是朱熹理解的以心格物的基础。

3. 天理人欲

“道心”是指心的知觉遵循义理，“人心”是指心的知觉顺从于欲望，这并不是说人有两个心，而是指人心的知觉是听命于理还是欲。这种义理和欲望的区别就是朱熹所讲的“天理”和“人欲”。

(1)天理：本于心所具之理，是人生下来就先天具有的自然能力以及潜在的道德理性。

(2)人欲：人的耳目口鼻四肢等感官所产生的感性欲望。

朱熹认为，人循天理而为就是善，逆天理而纵人欲就是恶。不过，人欲并不是泛指一切感性欲望，而是指过度的欲求。

三、工夫论 ★★

朱熹将工夫分为两个方面：一种是未发的工夫，即主敬涵养；一种是已发的工夫，即格物致知。

1. 敬贯动静

朱熹的主敬说有狭义和广义两种：(1)狭义的主敬工夫专指心未发时的居敬涵养，强调身心的收敛，比如外在的整齐严肃，内心的主一无适等。(2)广义的主敬，"敬字通贯动静"，也就是涵养工夫贯通未发已发，敬是贯通动静的全过程。

朱熹所说的未发时主敬，主要是指人在内心无思无虑的时候所保持的收敛、醒觉、谨慎的知觉状态，内心专一，精神不外驰，这种工夫可以涵养德性，保证人的心境清明。

2. 格物致知

格物：就是要对具体事物进行考察探究，研究其中的事物之理，并且对事物之理要穷至其极，所以朱熹用"至"来解释"格"。

致知：就是通过格物穷理的工夫方法，达到知识的扩充和完备，因此格物以后自然能致知，而不是说格物和致知是两个工夫。

第二部分　课后习题详解

1. 谈谈朱熹对"理"的理解以及对理气关系的讨论。

答：(1)朱熹对"理"的理解：事物都有其之所以如此的道理，也有其不得不如此的理则，自然之理和伦常之理都是如此。人类社会的种种法则是宇宙普遍原理的一种体现。(2)理气关系：①一切事物都由理与气构成，气是构成事物的材料，理是事物的理则，是气聚散变化的根据。一方面，理与气是形而上与形而下、道与器的关系，二者不可混淆，所谓"理气不杂"；另一方面，既然事物都由理、气构成，那么就没有无理之气，也没有无气之理，所谓"理气不离"。②从本源上来说，是理在气先、理在事先，这是说具体的事物还未形成之前，事物之理已经存在，这不是时间意义的先后，而是逻辑上理在气先。③理乘气而动，且理气动静不以空间言,所谓“动静”强调的是理的能动性。

2. 谈谈朱熹对“天理”和“人欲”关系的看法。

答:(1)朱熹认为,天理是本于心所具之理,是人生下来就先天具有的自然能力以及潜在的道德理性,而人欲则是人的耳目口鼻四肢等感官所产生的感性欲望,人循天理而为就是善,逆天理而纵人欲就是恶。(2)天理和人欲不是截然二分的,在朱熹理气观架构上的天理与人欲的关系中,人欲之中有天理。因此与其说天理与人欲相对,不如说人欲是天理的过或者不及的状态。朱熹强调天理和人欲的区分,不是为了对立二者,而是要求人在现实的利益欲望中充分突出、自觉点醒个人心中真正决定人之为人的道德性。

第三部分　典型习题详解

一、选择题

朱熹是理学的集大成者,也是宋元以后中国儒学的代表性人物。关于其思想,下列说法不正确的是(　　)。

A. “格物致知”是朱熹的工夫论,其本质上是科学认识论

B. “存天理,灭人欲”命题中的“人欲”,并非指一切感性欲望,而是指个人过度的欲求

C. 朱熹所谓的“理”,包含事物所以然之故和所当然之则

D. 一切事物都由理和气构成,后者是构成事物的材料,前者是构成事物的理则,即气聚散变化的根据

【解析】“格物致知”虽为朱熹的工夫论,但其本质并非科学认识论,而是道德认知的方法,旨在通过穷究事物之理来增进对天理的认识,进而达到道德上的完善。

【答案】A

二、填空题

1.《大学》本是《礼记》中的一篇,朱熹把《大学》提出的明明德、亲民、________三者称为“大学之纲领”,把格物、致知、诚意、正心、________、________、________、平

天下八项称为“大学之条目”。后人称之为“三纲领八条目”，简称“三纲八目”。

2. 朱熹字________，号晦庵。他以________的理学为宗，吸收和融会了________、________、邵雍等人的学问，构筑了博大精深的思想体系。

3. 朱熹以著书讲学为业，兴办书院、发展教育，兴建了________，是________的集大成者。

4. 与张载、程颢一样，朱熹早年也经历了一段“________，________”的过程，这是宋明时期许多理学家思想发展的常规道路。

【答案】1. 止于至善　修身　齐家　治国　2. 元晦　二程　周敦颐　张载　3. 白鹿洞书院　理学　4. 出入佛老　返归六经

三、简答题

试论朱熹的主敬涵养思想。

答：敬是朱熹思想中非常重要的一个概念，是其工夫论的一个方面：

(1)主敬说有狭义和广义两种：①狭义的主敬专指心未发时的居敬涵养，强调身心的收敛，比如外在的整齐严肃，内心的主一无适等。②广义的主敬就是涵养工夫贯通未发已发，敬是贯通动静的全过程。

(2)朱熹所说的未发时主敬，主要是指人在内心无思无虑的时候所保持的收敛、醒觉、谨慎的知觉状态，内心专一，精神不外驰，这种工夫可以涵养德性，保证人的心境清明。

朱熹主张一个人在任何时候都要主敬，这样才能知得明确，行得笃实。

第二十四章　陆九渊的哲学

第一部分　考点归纳

陆九渊(1139—1193),字子静,自称“象山居士”。在宋明理学中,有一个重要的思想流派是陆王心学。这里的“陆”指的就是陆九渊,他是心学的开创者。陆九渊与朱熹是同时代人,与朱熹专注于经典注疏不同,陆九渊从不著书,他的学问主要是以讲学的形式传播和产生影响的。理学和心学在南宋时期成为对峙性的思想学派。

一、本心即理 ★★

陆九渊思想的基本命题是“心即理”,他说“人皆有是心,心皆具是理,心即理也”。这一表述主要包含两层意思:一是每个人具有的本心是相同的,即“心同理同”;二是这个相同的本心是人的道德原则的根源,本心之理与宇宙之理是同一的,即“本心即理”。

1. 心同理同

(1)“心同理同”说突出了理的永恒性和普遍性,此心此理不因时空的转换而有所增减生灭。

(2)“心同理同”说在后来的中西文化交流史上发挥了重要作用,晚明士大夫对西方文化采取了开放的态度,认为东西方都有圣人,不存在华夷高下之分,这就是文化观的“心同理同”。

(3)宇宙不因人的意志或看法的改变而改变,理就是宇宙中普遍的、客观的存在,任何人都不能违背这种宇宙之理。陆九渊强调的是人心先验具有的道德理性，是内心的道德准则与宇宙普遍之理的同一性。

2. 本心即理

"本心"是陆九渊学说中最核心的概念。

(1)"本心"之"本"具有三层含义：先天本有、至善之本、存养之本。任何人都先天具有道德理性，本心是不假安排、不待穷索的本有之知，在本心未受遮蔽的情况下，能够自然地产生道德情感。

(2)"本心"的具体内容就是孟子的四端之心(恻隐、羞恶、辞让、是非)。本心是人先天本有的道德善性，是一切具体的道德情感和道德行为的生发点和原初动力。

心学和理学都认可天理的普遍性、客观性；区别在于，陆九渊所说的"心"与朱熹所讲的"心"不同，是一种道德本心。

二、发明本心 ★★

陆九渊的心学思想中本体与工夫打通为一，本心即理，此理是每个人先天本有的，那么切己自反、不假外求就是真正的易简工夫。这就是"发明本心"的工夫论。

1. 先立其大

"先立其大"强调的是在修养身心时要重本，也就是要发明本心，这里的"大"是指此心之理。一个人能够知晓自己本心之天理，那么心就能为身体之主宰，外在的物欲就不能改变心志，这一工夫主要表现为剥落物欲、自作主宰。

(1)剥落物欲：一种做减法的工夫，"剥落"就是要去除遮蔽本心的私意和物欲。剥落物欲并不是让人没有任何欲望，而是在心灵与外界事物交接的时候不要为外物所牵引，以至于失其本心。

(2)自作主宰：陆九渊认为从根本上来说，人的道德行为都出自自身，强调人的道德自觉。

剥落物欲、自作主宰强调人不是仅仅克制自己的欲望不去做违反道德的事，还要将道德行为变成行为主体的自觉行动，从强制变成自觉。

2. 义利之辨

"义利之辨"是儒学的重要话题，陆九渊以及朱熹等理学家延续了先秦和汉代的儒学传统,以“义”为第一位。陆九渊认为判断一个人的追求和志趣,不是看他的外在行为,而是看他的内在动机,若是为了名利而考功名为官,那也只会牟取私利,而不会真正为国是民生操劳。陆并非反对建功立业,而是更强调行为的动机是合道德的,这也是他重视“本心”的原因。

三、朱陆之辩 ★★

1. 为学工夫之辩

朱、陆关于为学工夫的辩论主要发生在“鹅湖之会”。双方的分歧集中在“为学工夫”,陆九渊主张发明本心,而朱熹主张格物穷理。“鹅湖之会”成为朱、陆之争的开端,体现了理学与心学之间在道问学与尊德性、穷理与尽性的分别。朱熹令人先泛观博览,而后归之约,陆氏兄弟则希望先发明人之本心,而后使之博览。

2. 无极太极之辩

双方的争论要点在于:道与阴阳是否应该区分为形而上和形而下者。(1)朱熹注重道问学的知识性进路,对太极以形上本体性的规定,突出了理与物的形上形下分层,体现出理性的哲学思维方式;(2)陆九渊注重尊德性的道德性进路,更注重收摄性的、返本性的探究,不主张形上形下之分的支离思考方式。

第二部分　课后习题详解

1. 谈谈陆九渊对“心”与“理”关系的理解。

答:陆九渊思想的基本命题是“心即理”,他认为每个人具有的本心是相同的,即“心同理同”;这个相同的本心是人的道德原则的根源,本心之理与宇宙之理是同一的,即“本心即理”。

(1)“心同理同”说突出了理的永恒性和普遍性,此心此理不因时空的转换而有所增减生灭。宇宙不因人的意志或看法的改变而改变,理就是宇宙中普遍的、客观的存在,任何人都不能违背这种宇宙之理。陆九渊强调的是人心先验具有的道德理性,是内心的道德准则与宇宙普遍之理的同一性。(2)“心即理”更准确的内涵就是指“本心即理”,“本心”之“本”具有三层含义:先天本有、至善之本、存养之本。任何人都先天具有道德理性,本心是不假安排、不待穷索的本有之知,在本心未受遮蔽的情况下,能够自然地产生道德情感。陆九渊所讲的本心就是孟子的四端之心。本心是人先天本有的道德善性，是一切具体的道德情感和道德行为的生发点和原初动力。

2. 谈谈陆九渊“发明本心”的工夫论内涵。

答：本心即理，此理是每个人先天本有的，那么切己自反、不假外求就是真正的易简工夫。这就是“发明本心”的工夫论。

(1)陆九渊的易简工夫提出“先立其大”，强调在修养身心时要重本，也就是要发明本心。一个人能够知晓自己本心之天理，那么心就能为身体之主宰，外在的物欲就不能改变心志，这一工夫主要表现为剥落物欲、自作主宰。强调人不是仅仅克制自己的欲望不去做违反道德的事，还要将道德行为变成行为主体的自觉行动，从强制变成自觉。(2)陆九渊延续了先秦和汉代的儒学传统，以“义”为第一位，认为人的思想取决于日常所习，而人之所习又取决于心之所志，也就是人的内在动机，强调行为的动机应该合道德。

第三部分　典型习题详解

一、选择题

关于陆九渊“发明本心”的工夫论内涵，以下说法不正确的是(　　)

A. 本心即理，此理是每个人先天本有的，那么切己自反、不假外求就是真正的易简工夫。这就是“发明本心”的工夫论

B. 陆九渊的易简工夫提出“先立其大”，强调在修养身心时要重本，也就是要发明本心

C. 人不是仅仅克制自己的欲望不去做违反道德的事，还要将道德行为变成行为主体的自觉行动，从强制变成自觉

D. 陆九渊延续道学传统，以“义”为第一位，认为人的思想取决于日常所习，而人之所习又取决于心之所志，也就是人的内在动机，强调行为的动机应该合道德

【解析】陆九渊延续了先秦和汉代的儒学传统。

【答案】D

二、填空题

1. 陆九渊,字________,因讲学于贵溪象山,自称________。他与王阳明的学说合称为________。

2. 1175 年,陆九渊应吕祖谦的邀请与朱熹论学于鹅湖寺,史称________。在这次会面上,他因为________和________的不同趋向与朱熹发生了争论。朱、陆晚年,他们还因周敦颐学说的________、________问题发生过争论。

3. 陆九渊思想的基本命题是________,核心概念是________。

【答案】1. 子静　象山居士　陆王心学　2. 鹅湖之会　道问学　尊德性　无极　太极　3. 心即理　本心

三、简答题

简述陆九渊的义利之辨。

答:义利之辨是儒学实践论的重要内容,孔子以义、利来区分君子和小人,《孟子》开篇就指出"先义而后利"。义利之辨实际上涉及行为个体的道德选择问题。

(1)陆九渊认为义利之辨是为学的基本,是确立人生和学问大方向的问题。以义立志,则人的行动以道德理则为第一原则;以利立志,则人的行为容易在理、欲冲突之时倒向欲望的一边。

(2)陆九渊认为人的思想取决于日常所习,而人之所习又取决于心之所志,也就是人的内在动机,因此,判断一个人的追求和志趣,不是看他的外在行为,而是看他的内在动机,如果内心不是真正向学,那么即便读尽圣贤之书,心中也不过一个"利"字而已。进一步说,若是为了名利而考功名为官,那也只会牟取私利,而不会真正为国是民生操劳。

第二十五章　陈亮和叶适

第一部分　考点归纳

以陈亮和叶适为代表的事功学派对义利、天理人欲的关系提出了不同看法，他们的思想主张关注实际问题，重视现实利益。陈亮、叶适都反对空谈性命而不务实利，在义利问题上与朱熹、陆九渊等理学家形成对峙，是南宋哲学思想发展的重要环节。

一、陈亮的事功思想 ★★

陈亮（1143—1194），字同甫，号龙川。由于陈亮主张“利”与“义”同样重要，不像朱熹那样重视道德性命之学，朱熹对陈亮颇有微词，认为陈亮虽有才气，但是内心并不清和，心为利欲所裹挟。

1. 即事言道

陈亮哲学思想的基本主张是即事言道，他反对朱熹理学的离事言道。

（1）认为道就在日用常行之间体现。

（2）认为有其体则有其用，有其理则有其义。

（3）注重对物之用的落实，体现了事功学派重视实用的立场。

2. 王霸义利

在即事言道的思想基础上，陈亮自然更加偏重于物事，体现在道德学问上就是对事功的推许，主张要在具体的实践中实现事物之理。

（1）认为事情能够有功利之实效，就说明背后有其之所以成功的道理，现实的功效足以证明思想的合理。

(2)力图取消王霸义利之间的决然对立。一方面,他认同王道的主导地位;另一方面,他也看重霸道在现实功业方面的成就,强调王、霸一体。

(3)陈亮与朱熹的论争,实则为史学与哲学思考方式的不同,体现了儒学内部道德主义和事功主义在治理世事上的不同进路。

二、叶适的功利之学 ★

叶适(1150—1223),字正则,号水心,世称“水心先生”。叶适是二程的后学,因此他对理学的批判并不像陈亮那么激烈,但是在事功之学的理论条目上有更深入的阐发,对义利关系在哲学性上做了更细致的发挥。

1. 因物见理

叶适的思想主张可以表述为“因物见理”,要求人们在具体事物中见理,在事功之中见道。

(1)认为天地间的物各有别,于这殊别之中又有一贯性,就是万物之理。

(2)对“格物致知”的理解在于要通过格物而见物之理。

(3)特别反对子思、孟子等先儒专门发展的儒家的心性之学,认为他们忽视了事功的一面。

2. 正谊谋利

作为事功学派的代表人物,叶适也主张要重视物质利益。

(1)认为脱离功利的道德和正义只是高谈阔论的空言,没有任何实效。

(2)认为汉唐之君只有利、没有义,与夏桀、商纣这样的暴君并没有太大的区别。这种义利观的本质,是将义与利的冲突转换为公利与私利的取舍问题,现在常说的“绿水青山”和“金山银山”之间的关系,也是类似的问题。

(3)在道德与事功之间并不是非此即彼的对立和冲突,而是可以通过人的积极努力达到以义为基础的利,这就是“利者,义之和也”的道理。

三、理学与事功学派 ★★

理学与事功之学的思考进路,有哲学与史学的不同。朱熹和陆九渊都重视道德性命的心性之学,而事功学派则将功利事业推举到与道德心性并重的地位,因此朱、陆与陈、叶的分歧是道学与事功的分歧,同时又是儒学内部道德主义与功利主义的区别。

陈亮、叶适的功利之学是对儒学自身的革新和发展，重回儒学经世致用的面向，具有重要的思想史意义。但是从治世的具体道德实践来说，理学高扬道德主体性的面向也有其意义。

第二部分 课后习题详解

1.谈谈陈亮和叶适在义利关系上的不同理解。

答：相对于陈亮从历史的角度来说明义利之间不冲突，叶适对义利关系的理解更具有哲学深度；与之相应，在对唐太宗等君王的评价上，叶适与陈亮的态度也明显不同。

（1）陈亮认为朱熹所谓的王道之世，其中也有不合天理的事件发生，力图取消王霸义利之间的决然对立。

（2）叶适认为汉唐之君只有利、没有义，与夏桀、商纣这样的暴君并没有太大的区别。这种义利观的本质，是将义与利的冲突转换为公利与私利的取舍问题。

2.谈谈你对事功学派和理学家思想分歧的看法。

答：理学与事功之学的思考进路，有哲学与史学的不同。朱熹和陆九渊都重视道德性命的心性之学，而事功学派则将功利事业推举到与道德心性相并重的地位，因此朱、陆与陈、叶的分歧是道学与事功的分歧，同时又是儒学内部道德主义与功利主义的区别。

如果对功业的强调超过了道义的标准，认为凡是有功利实效的事情都具有合理性，那么尧、舜这样的圣王与汉高祖、唐太宗这样的君王就没有区别了，这种后果主义的思想可能导致内在道德动机不足。

如果对道义的推重压制了对事功的追求，只关注行为的动机而忽视行为的具体实效，那么汉唐的君王又与普通人没有区别了，这种道德主义的思想可能导致对道德标准的不断拔高，忽视了普通人在成圣成贤的工夫上具有循序渐进的可能。

陈亮、叶适的功利之学是对儒学自身的革新和发展，重回儒学经世致用的面向,具有重要的思想史意义。但是,从治世的具体道德实践来说,理学高扬道德主体性的面向也有其意义。

第三部分　典型习题详解

一、选择题

陈亮是南宋事功学派的代表人物,提出了“即事言道”的命题。下列陈述不符合其思想的是(　　)。

A. 重视实用,反对空谈心性

B. “理”不是超出具体事物的绝对性存在,它就在人们的日常生活中

C. 这一思想体现了儒家经世致用的传统,是对儒学自身的革新与发展

D. 判断一个事物价值的依据,不是道义,而是其功用实效

【解析】陈亮作为南宋事功学派的代表人物,主张“即事言道”,强调实践与应用。D项提出判断事物价值的依据是功用实效而非道义,这与陈亮虽重视事功,但仍坚持儒家道义为本的思想相悖。

【答案】D

二、填空题

1. 陈亮所代表的学派被称为________,叶适所代表的学派被称为________。

2. 在对待义利、王霸的态度上,陈亮反对董仲舒“正其谊不谋其利,明其道不计其功”的主张,提倡________。

【答案】1. 永康学派　永嘉学派　2. 义利双行,王霸并用

三、简答题

陈亮与朱熹王霸之辨的内容是什么?

答:陈亮与朱熹所代表的道学家在王霸义利、天理人欲等问题上产生了根本性冲突。

(1)朱熹的观点

朱熹认为三代以前的圣王行的是王道，三代以后的君王则行的是霸道政治，即便是颇有功业的汉唐之世，其君王治世也是出于“利”而不是“义”；结合朱熹的天理人欲观，三代以前是天理流行的盛世，而其后则是天理暗昧，专以人欲行。

(2)陈亮的观点

陈亮坚决反对这种说法，认为朱熹所谓的王道之世，其中也有不合天理的事件发生，并用历史事实来反驳朱熹的观点。商汤、周武王、周公等圣王和圣人，也有征伐杀戮的行为；与之相应，比如唐太宗虽然有玄武门事变这类不义的行为，但终究有贞观之治，朱熹仅凭唐太宗部分的不义之举而否定其整个的事功之业，是不公允的。陈亮还特别提到管仲，孔子多次说管仲“不知礼”，却依然认为他是仁人，就在于“仁”的标准不是仅仅有内在的道德修养，而是对天下国家生民有责任和担当意识，做出利于天下社稷的功业。

(3)评价

陈亮与朱熹的论争，实则为史学与哲学思考方式的不同，体现了儒学内部道德主义和事功主义在治理世事上的不同进路。陈亮主要从历史的角度来看待和检验思想，所以在辩论中常举实例以说明现实事功的重要性；朱熹则关注形上哲学建构，强调二者背后所具有的深层的天理和人欲之间的冲突和张力。

第二十六章　王守仁的哲学

第一部分　考点归纳

王守仁(1472—1529),字伯安,世称“阳明先生”。王阳明是明代心学的旗帜性人物,其学术一般与陆九渊的学术并称为“陆王心学”。王阳明的心学主要通过对《大学》的思考而来。在王阳明思想发展的不同阶段,其学术主旨分别表现为心即理、知行合一、致良知以及四句教,这四个命题也相应地是对《大学》八条目中格物、诚意、致知以及正心的阐释。

一、心即理 ★★★

1. 格竹与悟道

(1)“格竹”:王阳明早年笃信朱熹的格物穷理说,既然理学家说“一草一木皆有至理”,他便与朋友去格庭前的竹子,这就是“庭前格竹”。

(2)“悟道”:格物并不是向外去格事物之理,而是向内在自己的身心上下工夫,若按照这个方式圣人便是人人可做的,这也是古人说“人皆可以为尧舜”的用意所在。这就是“龙场悟道”,是王阳明“心即理”思想的形成。

(3)王阳明主张格物要反求诸身,“格者,正也,正其不正以归于正”,格物就是正心的工夫。

2. 心外无理

“心外无理”实际上是“心即理”的推衍性表达,它直接针对朱熹要在事事物物上求至理的格物方法,认为这是将心与理分离为二。王阳明对“理”的讨论主要是针对道德性的伦理,而不是讲客观的自然事物之理,他认为善的选择源于完善的心灵，而非仅仅对客观规律的把握。他强调通过体认本心的方式，当下直接实现心、性与理的同一，天理直接就是人的至善之性的心体。

3. 心外无事

"心外无理"侧重心体的本体意义，而"心外无事"则侧重心体的发用流行，也就是修养工夫之心。人的修养工夫就在于去除私欲的遮蔽，使得本体之心自然发用。从这个意义上说，一切的道德行为都与道德主体的心灵状态相关，也就是"心外无事"。

4. 心外无物

王阳明并不否认自然事物的独立存在，"心外无物"不是讨论客观事物的存在问题，也不是讨论人心对自然事物的认识问题。王阳明所讲的"物"主要是指有心灵参与的事情，而不是客观的事物，与己心不相感应的客观事物不构成"格物"的对象。

二、知行合一 ★★★

1. 知行本体

内心的知与外在的行不可分割，这就是"知行本体"。王阳明所说的知行本体中知与行的关系是，既要知得精察，知作为行的头脑，也要行得笃实，行作为知的工夫。

2. 一念发动即是行

王阳明认为知行二者不能割裂，而是一个事情的首尾，所谓"知是行之始，行是知之成"。王阳明之所以特别强调一念发动即是行，就是要防止有一类人有恶的念头却不去纠正。这是一种易简直接的工夫方法，重在人的意念对于行为的决定性影响。

三、致良知 ★★★

王阳明的"致良知"说将《大学》的"致知"和《孟子》的"良知"相结合，主张致知并不是像朱熹所说的通过格物而达到推及知识，而是扩充自己内心先天本有的良知，因此致良知是"心即理"和"知行合一"说的成熟表达。

1. 良知与天理

王阳明的良知说来自道德实践,他所讲的"良知"主要是指人的至善之性自然知是知非。

(1)良知具有内在性(不假外求)、至善性(天理自然明觉发现处)、直觉性(是便知是,非便知非)。

(2)良知即天理,但又具有知觉的能力,也就是性体直接转换为心体,在心里面呈现,被主体所知,从而自然能够知是知非,进而能够好善恶恶。简言之,良知既是道德理性,又能发动道德情感。

2. 致良知

(1)"致"有三层含义:一是扩充,将人心本有的良知不断扩大;二是至极,使良知的知是知非充分展现,没有丝毫私欲的蒙蔽;三是实行,这是在知行合一的意义上来说的。

(2)"致"表现为两个方面:一是推致,将己心本有的良知推致事事物物上去,使事事物物皆得其理;二是招致,良知虽然先天本有,但是自然知是知非的能力却是在道德实践中逐渐获得的,是一个不断扩充以至其极的过程。

(3)致良知更强调工夫上的知行合一,虽然良知本有,但是人未必皆能致良知,致良知只有在道德实践中才能真正发挥作用。

四、四句教 ★★

四句教是指"无善无恶心之体,有善有恶意之动。知善知恶是良知,为善去恶是格物"。这四句话所阐释的问题分别对应《大学》的四个条目,即正心、诚意、致知、格物。

意思是说心体本来的样子是没有善念也没有恶念的,善念恶念都是意,而意是后起的,不是心中本有的。有善念、有恶念是具体的意念产生,知善念、知恶念是良知的发用,而存善念、去恶念是格物的工夫。

第二部分　课后习题详解

1. 谈谈王阳明思想中“心即理”与“致良知”的关系。

答：关于“心即理”的具体内容，王阳明表述为“心外无理”“心外无事”。“心即理”是“知行合一”说的理论前提，王阳明正是在心与理一的基础上讲知行本体合一的。王阳明的“致良知”说将《大学》的“致知”和《孟子》的“良知”相结合，他所讲的“良知”主要是指人的至善之性自然知是知非。致良知更强调工夫上的知行合一，虽然良知本有，但是人未必皆能致良知，致良知只有在道德实践中才能真正发挥作用。王阳明思想中的“致良知”是“心即理”和“知行合一”说的成熟表达。

2. 谈谈王阳明“知行合一”说的立言宗旨和理论意义。

答：王阳明根据古本《大学》将“诚意”作为工夫的第一要义。

(1)知行二者是自然而然、同时发生的，也就是内心的知与外在的行不可分割，这就是“知行本体”。

(2)在“知行合一”说中，王阳明所讲的也是道德性的“知”，而不是一般性的认识之“知”，所以与道德行为的好善恶恶相关。

(3)王阳明强调“真知必能行”，目的在于批评当时有一批人是知而不行的，不行则不是真知。

(4)王阳明所说的知行本体中知与行的关系是，既要知得精察，知作为行的头脑，也要行得笃实，行作为知的工夫。

(5)王阳明强调一念发动即是行，就是要防止有一类人有恶的念头却不去纠正，从而强调人的意念对于行为的决定性影响。

第三部分　典型习题详解

一、选择题

1. 关于王阳明思想中的“心即理”与“致良知”，说法不正确的是(　　)

A. 关于“心即理”的具体内容，王阳明表述为“心外无理”“心外无事”

B. 王阳明的“致良知”说将《大学》的“致知”和《老子》的“良知”相结合，他所讲的“良知”主要是指人的至善之性自然知是知非

C. “致良知”更强调工夫上的知行合一，虽然良知本有，但是人未必皆能“致良知”，“致良知”只有在道德实践中才能真正发挥作用

D. 王阳明思想中的“致良知”是“心即理”和“知行合一”说的成熟表达

【解析】王阳明的“致良知”说将《大学》的“致知”和《孟子》的“良知”相结合。

2. 关于王阳明“知行合一”说的立言宗旨和理论意义，说法不正确的是(　　)

A. 知行二者是自然而然、同时发生的，也就是内心的知与外在的行不可分割，这就是“知行本体”

B. 在“知行合一”说中，王阳明所讲是一般性的认识之“知”

C. 王阳明强调“真知必能行”，目的在于批评当时有一批人是知而不行的，不行则不是真知

D. 王阳明所说的“知行本体”中知与行的关系是，既要知得精察，知作为行的头脑，也要行得笃实，行作为知的工夫

【解析】王阳明所讲的也是道德性的“知”，而不是一般性的认识之“知”，所以与道德行为的好善恶恶相关。

【答案】1. B　2. B

二、填空题

1. ________是理学的集大成者；________是心学的集大成者。

2. 在宋明理学史上，王守仁是与朱熹并列的大思想家，他所开创的心学思想体系，被后人称为________。

3. 王阳明晚年提出的著名四句教是：________。

4. 王阳明在正德初年，曾经因不满宦官专权，仗义执言，被贬到贵州龙场驿。在那里，他经过一番动心忍性的刻苦磨炼，终于悟出了________的道理，初步形成了其心学思想，史称________。

【答案】1. 朱熹　王阳明　2. 阳明学　3. 无善无恶心之体，有善有恶意之动。知善知恶是良知，为善去恶是格物　4. “格物致知之旨，圣人之道，吾性自足，不假外求”　龙场悟道

第二十七章　李贽的哲学

第一部分　考点归纳

李贽(1527—1602),原名载贽,号卓吾,又号宏甫、温陵居士。他的主要著作有《焚书》《续焚书》《藏书》《续藏书》等。他对传统的价值观念和儒家的礼教伦常进行了激烈批判,可以说在晚明时期乃至在整个中国哲学史上都是一位极富叛逆品格的"异端"思想家。

一、"天地一夫妇"的宇宙论 ★

李贽认为"天下万物皆生于两,不生于一",所谓"两"是指天地或阴阳二气。他的结论是:追寻万物的起源,"夫妇二者而已","天地人物共造端于夫妇之间",根本没有必要在此二者之外另立绝对的理、一、太极。李贽用阴阳气化的思想彻底排除了生阴生阳、独立自存的本体之理。

二、"人必有私"的人性论 ★★

李贽在人性论问题上提出了"童心"说,他认为"私"是人心的本质。

(1)正是因为求利之心的驱动,人们才会努力做事。

(2)世俗的物质生活就是"人伦物理",这是对宋明道学以伦理道德定义"人伦物理"的片面做法的纠正。

(3)恰恰是为了谋利、计功,人们才去正义、明道;如果不谋利、不计功,则义将不可正、道将不可明。

(4)以"人必有私"的思想为依据,为商人的谋利行为进行了辩护,从人性论的角度反映了那个时代的经济发展和社会文化的特点。

三、“是非初无定质”的真理观 ★

(1)“无定论”:既不存在绝对不变、确定无疑的客观真理,也没有唯一正确、不容置疑的主观真理,所以各种是非不同的观念完全可以并行不悖。这是相对主义的真理观。

(2)用多元主义的真理观消解了奉孔子为绝对权威的一元主义真理观。

(3)基于庸常个体的心理和角度,试图把孔子拉下神坛,使其成为世俗众生中的一分子。

(4)根据“童心”说,对儒家经典的神圣性进行了否定。

(5)对韩愈创立宋明儒者普遍信奉的“道统”说提出质疑。

第二部分　课后习题详解

1. 简述李贽“人必有私”的人性论思想。

【答题思路】参考本章第一部分“二、‘人必有私’的人性论”。

2. 简述李贽“是非初无定质”的真理观。

答:“是非初无定质”的观点是明代末期杰出思想家李贽提出的,他认为不存在绝对不变、确定无疑的客观真理,也没有唯一正确、不容置疑的主观真理,所以各种是非不同的观念完全可以并行不悖。这是相对主义的真理观。

(1)反对真理的绝对化。李贽认为是非是不断变化、古今不一的。孔子的是非观念并不是绝对的标准和最后的真理,而只是纷杂多元的是非观念中的普通一种罢了,它相对于其他的是非观念并不具有优先性。质言之,李贽用多元主义的真理观消解了奉孔子为绝对权威的一元主义真理观。

(2)具备大胆的怀疑主义精神。李贽大胆地批评六经和《论语》《孟子》,他的言论否定儒家经典的权威性、可靠性,大大冲击了当时儒家传统文化。

(3)肯定人的自由独立的价值。李贽基于庸常个体的心理和角度,试图把孔子拉下神坛,使其成为世俗众生中的一分子。

(4)批判儒家的“道统”说。在“晚明大变局”的背景下,李贽通过批判宋明儒者信仰的“道统”说，否定孔子的神圣性和儒家经典的权威地位，对儒家的价值理念和传统的礼教秩序构成了巨大的冲击。

第三部分　典型习题详解

一、选择题

“童心”说是明代哲学家李贽的著名学说。下列说法最不符合其思想的是（　　）。

A.“私”是人心的本质，若人无私则无心

B.“童心”的丧失，主要是读书增长见识、分辨是非等所致，因此人应摒弃书本，专注实践

C.“童子者，人之初也；童心者，心之初也”，“童心”即人的本心

D. 人伦道理就在世俗生活中，人们对“正义”“道理”的追求乃是出于谋利的需要

【解析】李贽的“童心”说强调保持人的本心与真诚。B 项认为“童心”丧失是因读书增长见识等，并主张摒弃书本，与李贽虽批判传统儒学但不反对读书学习的态度相悖。

【答案】B

二、填空题

1. 李贽最重要的著作有________、________、________、________。

2. 李贽提倡大胆的思想解放，他提出________的观点，认为真理没有客观的标准。

【答案】1.《焚书》《续焚书》《藏书》《续藏书》　2. 是非无定

第二十八章　黄宗羲和方以智

第一部分　考点归纳

黄宗羲与方以智是明末清初思想启蒙与创新的代表性哲学家。二人在学术上都表现出气论的倾向,不过黄宗羲更多从对阳明心学的总结和反思来阐发自己的气论思想,方以智则直接继承张载的气学而作出新的阐释。

一、黄宗羲:一本而万殊 ★★

黄宗羲(1610—1695),字太冲,号南雷,学者常称其"梨洲先生"。黄宗羲在对宋明学术史的梳理中形成了重视史学的风气,成为浙东史学学派的开创者。他的主要著作有《明儒学案》《明夷待访录》《孟子师说》《易学象数论》等。

1."盈天地皆心"的气本论

(1)认为气是天地间最基本的存在实体和形式,主张天地都是气的运行和变化,无始终,无间断。

(2)气在变化流行中呈现出来的条理就是理,气在人身之灵处就是心,心在发用中呈现出的条理就是性,因此理、心、性等都以气为依据。

(3)黄宗羲的气论归本在"心",心是天地自然之气的价值和意义的承载者。

(4)心是气之灵明,理是气之条理,因此众理就内在于人心之中。

(5)人心之理并不是在天地万物之外别为一物,而是万事万物的总合,"盈天地皆心"就是一本而万殊的体现:宇宙是"一本"的大心,同时也是具体事物在万殊之心中的朗现。心之本体就是宇宙万物变化流行的呈现,而不是在万物之外另有一个本体,存在的只是工夫中的本体。黄宗羲反对不做工夫而空谈本体的空虚之风，要求以工夫彰显本体，是对心学的深化。

2.“一本万殊”的学术史观

(1)“一本万殊”：“一本”就是不同儒学家所共同具有的精神，“万殊”是指各个儒学家思想的独特之处，不同的学术是一本之心的不同表现，不必也不能使之尽同。

(2)肯定了学者思想独创性的价值，反对“举一废百”的学术专制思想，强调学术的本心自得，反对倚门傍户的为学风气。

3.“公天下”的政治哲学

黄宗羲从政治哲学的高度反思了“家天下”政治的弊病，写成了《明夷待访录》，主张要“公天下”，而不是“一姓之天下”。

(1)从人的本性分析了国家的起源和君主的产生。发扬了《孟子》所讲的“民为贵，社稷次之，君为轻”的君民关系，是一种具有进步意义的民本思想。

(2)主张要破除对君主的崇拜，削减君主的权力。君臣只是职分之别，而不是主仆高低之分，二者应该相互配合，共同为百姓服务。

(3)认为真正的法应该是天下之公法，而不是一家之私法，法之公私是大关键，有治法而后有治人，有公法才能真正形成公天下的君民和君臣关系。

(4)主张要扩大学校的职权，不以君主个人意见的是非为评判标准，而是由学校作为议政机构对地方官吏行使监督职能。并且主张拓宽取士途径，尽取有用之才。

二、方以智：一与二与三 ★

方以智(1611—1671)，字密之，号曼公，又号愚者，“明末四公子”之一。方以智学识渊博，具有开放性和包容性，对儒、释、道三教不设门户之见，体现出晚明学术界“三教合流”思潮的特点。其主要著作有《通雅》《物理小识》《东西均》《易余》《药地炮庄》等。

1.“盈天地皆物”的气本论

(1)方以智认为整个宇宙都可以归结为“物”，物在本质上就是气，因此“盈天地皆物”是一种气本论的哲学。

(2)气的运动形成世界万物的差异，五行就是气的不同状态和作用，由此进而构成具有差异性的万物。

(3)“气—火—元”论:方以智主张“五行尊大”,认为火与气“充一切虚,贯一切实”的性质相似,体现了道器不离的思想。气、火、心等都具有体用相即不离的特点。方以智的气本论也是一种即体即用的思想。

2.“公因反因”的辩证思想

(1)“公因反因”说表达的是一与二与三的关系,认为世间对立的双方构成矛盾,矛盾的双方又无不处在统一之中,同时双方都以对方为自身存在的依据,而统一是矛盾双方得以共存和转化的依据。

(2)主张要“由三而一”,在事物的区别和变化之中认识世界背后的统一之理。

(3)强调相反者相因,相对的双方如果不发生关联就不能产生功用,只有矛盾双方的相互依存才能推动事物的发展

(4)提出了“交、轮、几”的概念:“交”是相反的双方之间有统一者,“轮”是有、无二者之间的轮转变化,“几”是有而未形的有无之间的状态。

(5)“三征”:“交轮征几”的方法,方以智称之为“三征”,意指“由三而征”。“征”即征显隐微之几。因此,“三征”是一种认识世界的方法。

3.“质测通几”的格物方法

(1)方以智对“格”的理解是“心物交格”,认为格物应该包含向外和向内两个方面,主张“能格之物”(心)与“所格之物”(外物)的相互作用。

(2)“质测通几”:“物有其故”,通过考证和理性的方式来把握,就是质测之学,类似于我们今天说的科学。对于不可见、不可知的物,则要以可见和可知之物来认识,这就是通几,是对根本问题之理的探寻,类似于我们今天说的哲学。

(3)“质测”“通几”的关系:一方面是“质测即藏通几”,离开对具体事物的考察和认识而空谈事物之理,可能导致对客观世界的忽视,这是对心性之学走向空虚之风的批评;另一方面,要以“通几护质测之穷”,质测之学是有局限性的,要以事物的通理来反思这种质测的方法,这是对西学方法缺陷的批评。强调了格物既不是仅仅向外的质测之学,也不是空谈格心的通几之学,而是二者的结合。

第二部分　课后习题详解

1.谈谈黄宗羲“公天下”的政治哲学思想。

【答题思路】参考本章第一部分“一、黄宗羲：一本而万殊”的“3.‘公天下’的政治哲学”。

黄宗羲主张的“公天下”是一种政治理想，所谓三代以上的圣王之治，并不是说这是上古时代真实的政治实践，而是从“理想政治应该是什么样的”这个角度来讨论，也是对后世“家天下”专制政治的批评。

2.谈谈方以智的“质测通几”说与宋明理学中格物说的关系。

答：(1)“质测通几”：“物有其故”，通过考证和理性的方式来把握，这就是质测之学，类似于我们今天说的科学。对于不可见、不可知的物，则要以可见和可知之物来认识，这就是通几，是对根本问题之理的探寻，类似于我们今天说的哲学。

(2)“质测”“通几”的关系：一方面是“质测即藏通几”，离开对具体事物的考察和认识而空谈事物之理，可能导致对客观世界的忽视；另一方面，要以“通几护质测之穷”，质测之学是有局限性的，要以事物的通理来反思这种质测的方法，强调了格物既不是仅仅向外的质测之学，也不是空谈格心的通几之学，而是二者的结合。

(3)方以智以“心物交格”说对宋明格物说的所格之“物”、“格”物之方进行了反思和改造，认为“物”包含天地间一切的存在，“格”是心与物的互相作用。这种反思是在面对西学的冲击之下对阳明后学蹈虚风气的纠正，既突出了对外在事物切实做格致的工夫，从而避免了阳明学的格心之说可能导致的重本体而废工夫；又强调了格物并不是仅仅指向外物的质测之学，而是须有个反向格心的交互过程，从而与西学的科学方法也有所区分。

第三部分　典型习题详解

一、选择题

黄宗羲是明王朝灭亡的亲历者，因此很重视总结明亡的教训。他从政治哲

学的高度反思了“家天下”政治的弊病，写成了《明夷待访录》一书。不属于此书内容的是(　　)

A. 从人的本性分析了国家的起源和君主的产生，发扬了《孟子》所讲的“民为贵，社稷次之，君为轻”的君民关系，是一种具有进步意义的民本思想

B. 主张要破除对君主的崇拜，削减君主的权力，君臣只是职分之别，而不是主仆高低之分，二者应该相互配合，共同为百姓服务

C. 认为真正的法应该是天下之公法，而不是一家之私法，法之公私是大关键，有治法而后有治人，有公法才能真正形成公天下的君民和君臣关系

D. 主张要扩大监察机构的职权，由监察机构对地方官吏行使监督职能

【解析】主张要扩大学校的职权，不以君主个人意见的是非为评判标准，由学校作为议政机构对地方官吏行使监督职能，并且主张要拓宽取士途径，尽取有用之才。

【答案】D

二、填空题

1. 最能体现黄宗羲“一本而万殊”学术史编纂思想的作品是________。

2. 黄宗羲有关政治哲学的一本著作是________。在这本书中，他批判了封建君主制度，指出________的民本思想，并提出了初步的________思想。

3. 由于明末资本主义萌芽的兴起，黄宗羲与传统的士大夫不同，他开始重视工商业，提出________的主张。

4. 方以智的思想中有很多富有辩证色彩的概念，他提出________、________、________三个概念来表示对立面的相互渗透、对立的相互推移以及事物运动变化的内在源泉。

【答案】1.《明儒学案》　2.《明夷待访录》　“天下为主，君为客”　民主　3. 工商皆本　4. 交　轮　几

第二十九章　王夫之的哲学

第一部分　考点归纳

王夫之(1619—1692),字而农,号薑斋,世称船山先生。王夫之著述极为繁富,今人将其著作编为《船山全书》。其哲学思想的主题是破除与圣人之道相抵牾的异端邪说,以接续和重建儒家的精神传统。

一、虚空皆气、日新之化的世界观 ★★

(1)继承并发展张载在宇宙论上"太虚即气"的根本主张,认为宇宙中充满着无形无涯的气;所谓"虚空"实质上是气的无形状态。

(2)在气与理的关系上,认为天地万物的唯一本体是气,气是有理的,理是气的特性和规律,因此理在气中,气之外没有独立自存的理。

(3)在道器关系问题上,认为器是唯一的客观存在者,道从属于器,是器的道,因此不能反过来说器是道的器;如果有了器,就一定有其道,没有器则必然没有道。

(4)在"太极"的动静问题上,认为"太极"是绝对运动的,静止乃是其运动的另一种形式。

(5)认为天地万物始终处于新旧更替、生生不息之中,面对"日新"的世界,正确的态度是"推故而别致其新"(《周易外传・无妄》),即抛弃失去生命力的陈旧之物,另外寻求和创造新的事物,是一种进步主义的变化观。

二、气质生理、日生日成的人性论 ★★

(1)从根源的意义上把万物之性归本于气,进而借以解释人之共性及其与物性的差异,肯定气质之性。

(2)把气质之性进一步归本于气中之理的同时,肯定了每一生命形式以及不同个体之自性的天然合理性。认为人的本然之性就是气质之性。

(3)指出人性兼包“理”和“欲”,“理”指道德和理性特质,是人之形体的固有本质;“欲”指感性欲望,是人之形体的功能,二者统一于人的形体之中。

(4)把人性看作变化日新、不断生成的后天产物,认为人性并不是固定不变的,而是始终处于变化生成之中的。

(5)并不否认人性初生之时固有天命的成分,但是“天命之谓性”并不是一次性的,而是每天都在进行的,因此人性也就是日生日成的。

三、居要者心、行可兼知的知行观 ★★

(1)关于知识产生机理:人的认知活动依赖感觉器官(如耳目)和思维器官(心或神)。感觉器官和思维器官使人分别具有感性认识能力、理性认识能力。一方面,心的理性认识能力离不开感觉器官的作用,感觉是理性认识的前提和基础。另一方面,心在整个认识活动中具有主导地位和决定性作用。但王夫之有时难免过度夸大了心在认识活动中的主导作用,以致表现出贬低感性认识能力的倾向。

(2)关于格物致知:格物需要人的感性和理性能力同时发挥作用,致知却仅靠理性,感觉为心知的理性思辨提供素材和依据。

(3)关于知识和实践的关系:认为真知与行既有分又有合——二者可以“相资以为用”;勉力求知也是一种行;行兼括或含蕴了知,即任何实践都以知识为指导和支持,都是知识的应用和落实,不存在无知之行。

四、理势合一的历史观 ★★

(1)认为遵循历史规律就可以顺应历史发展趋势,达成某种社会现实;反之,逆理逆势而为必然会失败。

(2)作为历史哲学概念的理和势,实质上是王夫之将其理气关系思想推展于历史领域的结果。顺应历史发展趋势即遵循客观的历史规律。提出历史发展趋势只可顺应、不可违逆。

(3)认为统治者的主观意志并不是历史发展的决定性力量。历史发展的进程和结果并不受统治者之主观动机和意志的支配，而是自有其内在的客观规律。

第二部分　课后习题详解

1.简述王夫之的虚空皆气、日新之化的世界观。

【答题思路】参考本章第一部分“一、虚空皆气、日新之化的世界观”。

2.简述王夫之的理势合一的历史观。

【答题思路】参考本章第一部分“四、理势合一的历史观”。

第三部分　典型习题详解

填空题

1.在知行观方面，王夫之批评了程朱理学的________和陆王心学的________观点，提出了________的观点。

2.在历史哲学方面，王夫之在其理气关系的基础上，提出了________的唯物主义历史观。

3.王夫之对中国历史发展中的治乱兴衰及其规律展开了深入思考，并撰写了两部历史评论著作________和________。

【答案】1.知先行后　知行合一　行可兼知　2.理势合一　3.《读通鉴论》《宋论》

第三十章　颜元的哲学

第一部分　考点归纳

颜元(1635—1704),字易直,号习斋,清初思想家、教育家。颜元的著作主要有《四书正误》《四存编》《习斋记余》《朱子语类评》等。弟子李塨继承并发展了颜元的思想,故世称"颜李学派"。

总体来看,颜元的思想有两个显著特点:一是早年生活经历及其与底层民众长期的近距离接触,促使他非常强调切合事物、躬身践行,反对凌空蹈虚;二是他在思想成熟之后对宋明道学进行了反思,批判程朱陆王遂成为其哲学思想的重要内容。

一、主张"理气俱是天道",批评道学悬空虚华 ★

(1)指出"理气俱是天道",认为理气是同一层次的概念,不存在孰先孰后的问题。

(2)这种理气关系落实到人性论上,颜元认为二者所构成的万物之性与气质也就是一体而不可分的。性与气质的关系,有时又被颜元表述为性与形的关系。在肯定形具有天然合理性的前提下,他把性与形的关系表述为:性与气质一体而不可分,人性只是形之性,形之外无性。人性只是气质所具之性,气质之外无性。

(3)将理气"融为一片"的思想贯彻在理事关系问题上,因此特别重视事和物。认为"三事"和"三物"具有显著的实践性,这才是儒家思想之正宗。

(4)对宋明道学展开了全面的反思和批判。批判悬空虚华的程朱陆王之学。

二、强调“犯手实做”，批评宋儒死读经史 ★

（1）物是认知的前提，认识活动的开展不能脱离物。

（2）颜元对“格”的解释更强调主体与事物的实际接触，更具有实践特点。

（3）对不接触事物、脱离实践的格物致知思想进行了批评。认为格物致知的正确途径应当是“只向习行上做工夫”（《言行录·王次亭》），“习行”也就是“犯手实做”。

（4）指出“学而时习之”是儒家精神之真髓所在。“习行”是指持续不断地练习、实践，最终达到的“与我为一”的效果则是指主体已经通透地理解和掌握了客体，以致将其完全内化于己心之中。

（5）读书固然有助于增长人的才智和见识，但践行比读书更重要，所以仅读书是远远不够的，个体人格的培养、社会事业的建设必须通过实践才能最终完成。

（6）提倡“精一艺”“专一事”：把宋明道学对玄远的“全体大用”即终极真理的追求向下降落为“精一艺”“专一事”，这种格物致知思想显然更为切实可行，同时也具有了平民化的取向。

三、提倡“谋利计功”，批评宋儒空谈心性 ★

（1）颜元在一定程度上接受了宋明道学的传统观念，认为应当对天理与人欲进行清晰划界，但是对于那些出自人的自然本性以及符合伦理规范的欲望，即便这些欲望臻于极致，颜元也仍然持肯定态度。

（2）兼顾了道义与功利，从而迥异于绝对排斥功利的所谓“腐儒”。

（3）提出的治国理政主张表现出了较为突出的功利主义的外王取向。

（4）基于功利主义的政治立场，对宋儒全然不考虑国家富强的泛道德主义进行尖锐批评。

第二部分　课后习题详解

1. 简述颜元的理气关系思想及其对宋明道学的批判。

答：（1）指出“理气俱是天道”，认为理气是同一层次的概念，不存在孰先孰后的问题。

(2) 这种理气关系落实到人性论上,颜元认为二者所构成的万物之性与气质也就是一体而不可分的。由此他批评宋明道学的性二元论:"乌得谓理纯一善,而气质偏有恶?"(《存性编》卷一)其矛头所指显然是程朱一派的性(理)为善而气或气质为恶的人性思想。

(3) 性与气质的关系,有时又被颜元表述为性与形的关系。在肯定形具有天然合理性的前提下,他把性与形的关系表述为:性与气质一体而不可分,人性只是形之性,形之外无性。人性只是气质所具之性,气质之外无性。在颜元看来,宋明儒者之所以贬视欲望和形体,乃是因为受到了佛老虚无逃世思想的消极影响。

(4)将理气"融为一片"的思想贯彻在理事关系问题上,因此特别重视事和物。认为"三事"和"三物"具有显著的实践性,这才是儒家思想之正宗,而后儒离却事物的悬空虚华之学则有悖于此。

(5)对宋明道学展开了全面的反思和批判。关于程朱一派,他认为"此所谓自得孔子真传",实际情况却是"弥近理而大乱真";关于陆王一派,他认为并不能使真德秀等儒者信服。在颜元看来,程朱陆王之学的流行不仅导致"人人禅子、家家虚文,直与孔门敌对",而且造成了非常严重的负面社会历史效应。

2.简述颜元的格物致知思想及其对宋明道学的批判。

答:(1)认为物是认知的前提,认识活动的开展不能脱离物:"东西"(物)是作为认识对象的客体,认识活动则是主体的认识能力施加于客体的过程。如果主体与外物完全脱离,人们是不可能获得对事物的认识的。

(2)颜元对"格"的解释更强调主体与事物的实际接触,更具有实践特点。

(3)对不接触事物、脱离实践的格物致知思想进行了批评。这里批评的实质上是以朱熹为代表的宋儒,认为以朱熹为代表的宋儒是撇开事物、脱离实践而一味强调"读经观史,非学"(《言行录·齐家》),格物致知的正确途径应当是"只向习行上做工夫"(《言行录·王次亭》),"习行"也就是"犯手实做"。

(4)指出"学而时习之"是儒家精神之真髓所在,"习行"是指持续不断地练习、实践,最终达到的"与我为一"的效果则是指主体已经通透地理解和掌握了客体,以致将其完全内化于己心之中。

(5)指出读书固然有助于增长人的才智和见识,但践行比读书更重要,所以仅读书是远远不够的，个体人格的培养、社会事业的建设必须通过实践才能最终完成。

(6)提倡“精一艺”“专一事”：把宋明道学对玄远的“全体大用”即终极真理的追求向下降落为“精一艺”“专一事”，这种格物致知思想显然更为切实可行，同时也具有了平民化的取向。

第三部分　典型习题详解

填空题

1. 颜元反对“全体大用”的空头理论，提倡________。

2. 颜元将格物解释成________。

【答案】1. “精一艺”“专一事”　2. “犯手实做其事”

第三十一章　戴震的哲学

第一部分　考点归纳

戴震(1724—1777),字东原,清朝中期思想家、考据学家。戴震的思想成就和学术贡献非常大,故梁启超称誉他为"前清学者第一人",其哲学著作主要有《孟子字义疏证》《原善》《绪言》等。如颜元一样,戴震对作为思想遗产和政治现实的宋明道学特别是程朱理学进行了激烈批判,产生了深远的历史影响。

一、"气化流行"的道论 ★★

(1)戴震哲学思想的最高概念是道,而不是理,认为道具体落实为阴阳五行的运动,并通过阴阳的对待和五行的共同作用而化生万物。

(2)从"气化流行"的道论出发,把"形而上""形而下"分别解释为"形以前""形以后",等于从根本上取消了程朱主张的独立自存的至上之理。

(3)万物生生不息的运动变化必然遵循一定的"条理",如果不同的事物能够保持各自的殊性,"气化流行"而生生不息的过程就会呈现出有条不紊的规律性特点。

(4)对朱熹的"理一分殊"之说提出了批评,认为独立于天地万物之外的"理"是不存在的。

二、"血气心知"的人性论 ★

(1)从"气化流行"的宇宙论出发,戴震提出了他的人性论思想。对于人而言,血气是生理基础,心知是人的知觉能力。

(2)人们以声色嗅味之物满足欲望是生存的必需条件,知觉是人高于禽兽的特殊本质。

(3)知觉一方面使人获得至高无上的智慧,另一方面使人拥有伦理和政治生活,赋予人以道德本能。人们应充分运用心知的自觉意识,使其所作所为完全听从内在的道德本能而毫无爽失。使行为符合道德规范是人之道德本性的完满实现。

(4)强调感性的人欲、人情的满足和实现。把整个社会的道德理想的实现转化为人们欲望和情感的满足,并将二者完全统一起来。

(5)对程朱一派"截然分理欲为二"的主张进行了猛烈批判,提出理在欲中,理是欲之理,满足人之情感和欲望而不失当即为理。

(6)指出脱离欲望而高标所谓天理造成了严重的社会危害。

三、"外内相通"的认识论 ★

(1)人的认识是"外内相通"的结果。"外"指外在的客观对象,"内"指人的认识器官及其认识能力,只有"外"与"内"结合起来,并且人们能够真实地把握客观对象的特质,才会形成正确的认识。

(2)戴震把人的认识能力分为两种:一是基于血气生理的感性认识能力,二是基于心知的理性认识能力。

(3)人的感觉器官功能的实现不完全是自发的,而是会受其理性认识能力的主导和驱使。但是不应把人的两种认识能力混而为一,更不能用心知之思取代感觉器官的功能。

(4)与内在的心构成"外内相通"关系的外在对象是客观的理或理义。

(5)强调"理义在事",人心虽然没有理或理义,但却具有精妙灵明的理性认识能力,所以能够准确把握客观事物的本质或规律。

(6)对于程朱陆王所谓人心中原本有理,"但为私欲所蔽"的看法进行了批评。戴震指出"私"表现为物质生活中的情欲失当,"蔽"表现为对事物的认知有误,但却自以为是,二者的含义截然不同。若要认识理或理义,唯有剥去心知之蔽,而非禁灭欲望。

第二部分 课后习题详解

1. 简述戴震的“气化流行”的道论思想。

【答题思路】参考本章第一部分“一、‘气化流行’的道论”。

2. 简述戴震的“血气心知”的人性论思想。

答:戴震的“血气心知”思想是从“气化流行”的宇宙论出发提出的人性论思想。血气是生理基础,心知是人的知觉能力。

(1)肯定客观世界的先在性。在认识论上,戴震肯定客观世界的先在性,认为人们以声色嗅味之物满足欲望是生存的必需条件,知觉是人高于禽兽的特殊本质。

(2)强调心对于感官的主宰作用。戴震认为人和天地之间的万物内外相通,耳目鼻口等感观是相通之门户。但是,心对于感官具有主宰作用,心具有“知”即理性思考的能力,知觉一方面使人获得至高无上的智慧,另一方面使人拥有伦理和政治生活,赋予人以道德本能。

(3)心作为一种主体的认识能力,有能力辨别客观的“义理”。戴震认为主体的认识能力与客观的理义两个方面是相结合的,承认事物中有客观的理义。主体通过心知的作用,可以对客观的义理作出区分辨别。戴震坚持理义具有客观性,客观存在于事物之中,否定了程朱派“理具于心”和陆王“心即理”的说法。认为人们应充分运用心知的自觉意识,使其所作所为完全听从内在的道德本能而毫无爽失。使行为符合道德规范是人之道德本性的完满实现。

(4)强调感性的人欲、人情的满足和实现。把整个社会的道德理想的实现转化为人们欲望和情感的满足,并将二者完全统一起来。对程朱一派“截然分理欲为二”的主张进行了猛烈批判,提出理在欲中,理是欲之理,满足人之情感和欲望而不失当即为理。

总之,戴震的“血气心知”的思想具有从传统理学思维向近代思维转换的性质,具有极强的理性主义色彩,同时也具有启蒙意义。

第三部分　典型习题详解

填空题

1. 戴震反对程朱“气质之性”“义理之性”的二元人性论，认为人性包含________、________、________三个方面。

2. 戴震从“气化流行”的道论出发，把“形而上”“形而下”分别解释为________，等于从根本上取消了程朱主张的独立自存的至上之理。

【答案】1. 欲　情　知　2.“形以前”“形以后”

第四编

近代哲学

第三十二章　龚自珍和魏源

第一部分　考点归纳

18 世纪末至 19 世纪初，清王朝由盛转衰之象逐渐显露，吏治败坏、财政拮据、军备废弛、社会矛盾激化等问题日益严峻。与此同时，英国等西方列强已经在世界范围内形成全面扩张之势。1840 年，鸦片战争爆发。

在这样的氛围中，一批开明的士大夫思想家敏锐地感受到了日渐浓烈的危险气息，从而对当时的社会现实及传统文化进行了批判性的反思，成为改良和变法的先驱，也由此引发了中国哲学乃至思想文化领域的“古今中西”之争。龚自珍和魏源就是揭开这场旷日持久的论争序幕的代表人物。

一、龚自珍 ★★

龚自珍(1792—1841)，生长于仕宦之家，一直关心国计民生，在鸦片战争前就一再表明自己的禁烟抗英主张。其著述被后人辑为《龚自珍全集》，其哲学思想主要从传统的经史之学生发而来，同时又有明确的经世济用指向。

1. 经世济用思想

龚自珍的经世济用思想，使他对儒家经典及经学能够秉持比较开放包容的态度。龚自珍对经学中的森严壁垒颇不以为然，与此相关，龚自珍本人治学也不专主一经一家之说，而是注重揭示经典中所蕴含的圣人的始终一贯之道。

2. 三世说

龚自珍基于三世说的历史哲学和政治哲学，认为社会发展的不同历史时期大致分属“乱世”“衰世”“治世”，而区分三世的关键在于人才的差别；衰世人才的文章、名誉、言谈举止都类似治世人才,但前者之境遇不比后者,其一旦崭露头角,就会遭遇众多不才之人的提防、束缚、羞辱乃至扼杀,这样的衰世距离乱世实则已经并不遥远。龚自珍重点论述衰世,其实是想表达自己对所处现实环境的批判以及怀才不遇的愤慨。龚自珍将三世说与《礼记·礼运》所述礼乐源流结合起来,指出"通古今可以为三世",也就是把整个历史视为三世沿革的发展过程,三世说因此有了明确的历史哲学意义。

公羊学的三世说蕴涵了对社会改革的认同,龚自珍对此也有所引申和发挥。他认为一味墨守成规或盲从众议必致衰败,因而改革实为势所必然,而与其被别人强迫改革,不如自己主动改革。

3. 对主体能动性的认可

龚自珍的三世说及社会改革思想也意味着对人的主体性的认可。不过,他认为主体的能动性在人的认知活动中还是有差别的,与对主体能动性的认可相关,龚自珍在人性论方面特别强调后天修养的重要性。此外,他还认为情感实乃与生俱来、自然而然,不宜简单否定或消灭,这既是对传统语境中的"命"的独特阐释,又是对人的情感乃至个性的张扬。

二、魏源 ★★

魏源(1794—1857),字默深,遵林则徐之嘱编撰《海国图志》,此外他还有《默觚》《诗古微》《书古微》《禹贡说》《老子本义》《圣武记》《元史新编》及诗文等著述多种,后人编为《魏源全集》。

1. "实用"思想

(1)将"实用"视为传统儒家所推崇的"王道"的应有内涵,纠正了对于"王道"的狭隘认识。

(2)注重"实用",不迷信历史,不盲从圣贤和经典,认为对于不符合当下国计民生需求的典章制度,就应该加以变革。在第一次鸦片战争后不久就提出了"师夷长技以制夷"(《海国图志·叙》)的主张,实为洋务运动和戊戌变法思潮之先声。

2. 认识论思想

(1)强调认识所得必须经得起各种现实因素的验证。

(2)认为关系的双方难解难分,心灵、人力、自我等主体因素以及古代经验固然重要，而事实、法则、他人等客观因素以及当今经验更应被考量或遵循。

(3)作为认识主体的人的确会有天资的差别，但认识或学习的结果并不一定与天资成正比。

(4)对于个体来说，经验又有直接经验和间接经验之分，直接经验比间接经验更重要。至于间接经验，今人的经验比古人的经验更重要。而在今人的经验中来自实践的知识比来自言论的知识更确切。

(5)个体见解与群体见解相印证，就其中真正合乎实际情况者而论，前者往往还不及后者之一半；若把群体的智慧综合起来，甚至可能胜过圣人。

(6)认为鬼神的存在及相关学说有益于世道人心，能够弥补刑罚之不足，对王道政治和教化具有极大的辅助作用。

第二部分　课后习题详解

1.龚自珍是如何阐发自己的历史哲学和政治哲学的?

【答题思路】参考本章第一部分“一、龚自珍”。

2.魏源的认识论有何理论和现实意义?

答：针对当时中国的内忧外患，魏源更加重视变革、关注民生的历史哲学和政治哲学思想。

(1)魏源的认识论思想强调认识所得必须经得起各种现实因素的验证。

(2)他认为关系的双方难解难分，心灵、人力、自我等主体因素以及古代经验固然重要，而事实、法则、他人等客观因素以及当今经验更应被考量或遵循。

(3)作为认识主体的人的确会有天资的差别，但认识或学习的结果并不一定与天资成正比。因此，认识或学习的过程和结果一定离不开天资和人为的有机结合，即“天人之参”，而后天的人为努力完全能够改变天资的自然差别。

(4)后天的人为努力所形成的经验，是产生认识的必要条件；对于个体来说，经验又有直接经验和间接经验之分。在魏源看来，直接经验比间接经验更重要。至于间接经验，今人的经验比古人的经验更重要；而在今人的经验中来自实践的知识比来自言论的知识更确切。

(5)个体见解与群体见解相印证，就其中真正合乎实际情况者而论，前者往往还不及后者之一半；若把群体的智慧综合起来，甚至可能胜过圣人。

(6)认为鬼神的存在及相关学说有益于世道人心,能够弥补刑罚之不足,对王道政治和教化具有极大的辅助作用。

第三部分　典型习题详解

填空题

1. 龚自珍和魏源是19世纪中叶今文经学运动的积极倡导者。今文经学派推崇________,对经典的解释着重探求其中的________,从而同古文经学派注重________的学风对立起来。今文经学运动提倡________,即要求把学术研究和现实政治联系起来,通过对古代典籍的解释,评论时政,应对当前的社会问题。

2. 龚自珍对公羊三世说加以改造,提出每一个朝代的历史都可以分为________、________、________三个阶段。

3. 魏源编写了我国近代第一部系统介绍世界历史、地理、政治、经济、文化的巨著________,在对待西方文化的问题上,他提出了________的杰出思想。

【答案】1.《公羊春秋传》　微言大义　文字考证　经世致用　2. 治世　衰世　乱世　3.《海国图志》　师夷长技以制夷

第三十三章 严复的哲学

第一部分 考点归纳

严复(1854—1921),字几道,中日甲午战争后,宣扬维新变法思想。他翻译出版了赫胥黎的《天演论》、亚当·斯密的《原富》、斯宾塞的《群学肄言》、穆勒的《群己权界论》和《穆勒名学》、甄克斯的《社会通诠》、孟德斯鸠的《法意》以及耶方斯的《名学浅说》等著作。严复的各种著述和译作,被后人编为《严复全集》。

一、"自由为体,民主为用"的思想 ★★

严复指出,学习西方、走向富强的指导原则是"以自由为体,以民主为用",这也是其政治哲学的基本纲领。他认为国家的富强无非是让国民获得利益,而这固然意味着国家应该施行利民的政策,也更需要国民拥有自我获取利益的本领;国民若要拥有自我获取利益的本领,首先必须具备自由的素质;国民若要具备自由的素质,首先应该具有自治的能力。国民若不具备自由而又自治的素质和能力,国家必定乱象丛生。

1."鼓民力""开民智""新民德"

严复认为,自由而又自治的国民,都是在体力、心智、德行方面的优秀之人,而当时的中国人整体上在这三个方面都呈现出衰乱之势。因此,国家大政方针的关键也可以统归为三个方面,即"鼓民力""开民智""新民德"。

"鼓民力",是说强健国民的身体、鼓动国民的气力,在当时的中国,最为迫切也最容易收到成效的就是禁止吸食鸦片和女子缠足;

"开民智",是说开启国民的心智,按严复的看法,当时最为紧迫的就是要改

革教育和科举制度;

“新民德”,是说砥砺国民的德行,对于当时的中国来说,最要紧的就是让国民形成对于时局的清醒共识,摒弃一己之私,“联一气而御外仇”。

2.“自由”

第一,自由一定是基于理性的自觉的思想和行为,而不是遵循本能的任意而为。第二,在言论和思想层面,自由与求“真”具有内在的一致性和相通性,即两者都以自身为目的。第三,在行动层面,自己的自由行为一定不可侵犯他人的自由。因此,自由也是基于为“公”的自我约束,即自治。

3.中西方“自由”的差异

中国传统文化中与西方的“自由”最相似的是儒家的“恕”和“挈矩”。但中国人一般只是把恕道或絜矩之道当作日常的待人接物之道,而西方人的自由则强调在待人接物之中凸显自我的存在及价值,所以两者只是相似,并非相同。

二、进化哲学 ★★

1.“天演论”

作为一位会通中西的启蒙思想家,严复在向国人大力译介西学典籍和学术的同时,一直也没有摒弃中国传统文化,对儒家经典及其文化价值尤其尊崇有加。《周易》以“变”为要义,《春秋》及公羊学也注重历史的变革,在他看来,这与进化论强调自然及社会的变化与发展颇有相通之处,所以他把进化论又称为“天演论”或“天演之学”,可见他将其视为具有与《周易》及《春秋》类似的“天经地义”的真理性。

2.个体与群体的关系

严复认为自由的要义在于处理好个体与群体的关系,强调社会或群体的意义以及人类的“能群”,同时也重视个体的意义和价值。

3.中西历史观的差异

严复把西方人的历史观描述为“力今而胜古”和“日进无疆”,认为其不同于中国人的“好古而忽今”及治乱盛衰的循环论。他特别推崇达尔文的生物进化论中的“物竞天择”之说,希望借生物界的生存竞争、自然选择、适者生存的现象,来激发当时中国人的救亡图存之心。

4. 人类社会发展历程

人类社会大体都经历了图腾(渔猎)、宗法(耕稼)、国家(又称“军国”,四民备具)这三个大的发展阶段;前两个阶段之间或有一个过渡的游牧时期,后两个阶段之间或有一个过渡的封建时期;只有到了国家阶段的族群,才能够真正富强而难以被其他族群征服或消灭。

严复把进化论及社会学纳入对中国社会及历史的多方面的考察,启发了当时及后来的许多学者和思想家,尤其是推动了中国的历史学乃至人文社会科学研究的现代转型,对晚清的维新变法运动和革命思潮的兴起更是产生了直接的巨大影响。

第二部分　课后习题详解

1. 严复是如何理解自由的?

答:第一,自由一定是基于理性的自觉的思想和行为,而不是遵循本能的任意而为。第二,在言论和思想层面,自由与求“真”具有内在的一致性和相通性,即两者都以自身为目的。第三,在行动层面,自己的自由行为一定不可侵犯他人的自由。因此,自由也是基于为“公”的自我约束,即自治。严复认为中国传统文化中与西方的“自由”最相似的是儒家的“恕”和“挈矩”。但中国人一般只是把恕道或絜矩之道当作日常的待人接物之道,而西方人的自由则强调在待人接物之中凸显自我的存在及价值,所以两者只是相似,并非相同。

2. 严复译介和阐发的进化论与达尔文的进化论有何异同?

答:严复译介和阐发的进化论流露出了明确的历史哲学思想。他所认同的进化论自始即着眼于对社会进步和历史发展的解释,而达尔文的进化论是单纯的生物进化学说。严复吸收了达尔文的生物进化论中的“物竞天择”之说,借生物界的生存竞争、自然选择、适者生存的现象,来激发当时中国人的救亡图存之心。

第三部分　典型习题详解

一、填空题

1. 严复是我国近代著名的思想家、翻译家,他先后翻译了赫胥黎的________、亚当·斯密的________等著作。

2. 针对当时国人因缺乏自觉的自由而造成各种乱象，严复提出了“鼓民力”“________”“新民德”的解决方案。

【答案】1.《天演论》《原富》 2. 开民智

二、简答题

严复在哪些方面对于同时代思想家有所超越?

答:(1)严复的进化论就其在人类社会领域的作用而言，特别是具体到当时中国现实，主要是关于弱小民族在与强大民族进行生存竞争中延续发展的理论。这一理论在当时和后来的一段时间产生了巨大的社会影响，尤其是推动了维新变法运动和革命思潮的兴起。正如章太炎所指出的:“自严氏之书出，而物竞天择之理，厘然于人心，中国民气为之一变。”

(2)严复对晚清以来的中国所处的危局有着极其清醒的认识，主张通过变法来使中国脱离危局、走向富强，指导原则是“以自由为体，以民主为用”，认为国家的富强无非是让国民获得利益。他在向国人大力译介西学典籍和学术的同时，也没有摒弃中国传统文化，对儒家经典及其文化价值尤其尊崇有加，认为忠、孝、节、义，实为“中华民族之特性”，并当以之为“立国之精神”。

严复把进化论及社会学纳入对中国社会及历史的多方面的考察，启发了当时及后来的许多学者和思想家。

第三十四章　康有为的哲学

第一部分　考点归纳

康有为(1858—1927),字广厦。康有为一生历经洋务运动、中法战争、甲午战争、戊戌变法、辛亥革命、五四运动等历史剧变,以清末维新运动及民初孔教运动的领袖而知名,在政治、思想、学术、教育等领域都进行了具有开拓意义的探索,有《新学伪经考》《孔子改制考》《大同书》《春秋董氏学》《礼运注》《论语注》《孟子微》《中庸注》《诸天讲》等多种著述,后人编为《康有为全集》。

一、托古改制说 ★

1.提出的背景

围绕着变法维新的现实诉求,康有为建构起了自己的融政治哲学、历史哲学和教育哲学于一体的思想体系,其中的核心观念和逻辑既取于传统儒家经学,又吸收了他所接触的进化论等西学的相关因素,而其形成也有一个过程。

2.形成的过程

(1)光绪十二年(1886),他撰写了《教学通义》,此时康有为是以经世济用的立场来解读儒家经典的,而且也认同《春秋》公羊学的托古改制思想,所以既主张"师古",又强调"善言古者,必切于今"(《教学通义》卷首),但他还没有据以形成较为清晰、完整的思想体系。

(2)光绪十七年(1891),康有为的《新学伪经考》初刻本刊行。《新学伪经考》就是为揭露刘歆作伪事迹、廓清千年迷雾、彰显孔子之道而作的。

(3)康有为彰显的孔子之道,亦即孔子的托古改制思想,在《孔子改制考》中有更系统的论述。他编撰《孔子改制考》正是要证明孔子就是一位历史上真正的托古改制的圣人和教主,从而为当下的变法维新提供理论依据。

二、大同说 ★★

1. 提出的背景

康有为大同说的基本逻辑是将《春秋》公羊学的三世说和《礼记·礼运》的大同说结合起来,并据以解说历史发展。认为若要进入太平世,亦即大同时代,就应维新变法。

2. 现实意义

(1)除了传统儒学思想的渊源之外,又吸收了佛教的一些基本义理,还有基督教等西方的学术和文化资源,比如掺杂了进化论的以宗教作为历史与文明动因的思想,启蒙运动以来的自由、平等、博爱、人权等现代价值观,甚至还有社会主义及共产主义思想。

(2)强调"进化之理,有一定之轨道,不能超度",否则"必生其害"(《中庸注》,1901),表明其对暴力革命的反对态度。

(3)肯定了在近代资本主义制度下,欧美国家的农、工、商等实业及教育事业都取得了巨大发展。

三、天人说 ★★

1. "天人合一"思想

康有为认为"气"或"元气"是包括人在内的天地万物的本原,因而"物我一体,无彼此之界;天人同气,无内外之分"。其中既有对中国传统气本论或元气论的继承,又有对西方的自然哲学思想的吸纳。

2. 重视教育

(1)强调教育在大同社会是最重要的公共事业,在各地开馆授徒或宣教讲学,而且在进呈光绪帝的奏折中也多次建议改革教育。

(2)指出了"学"的意义:本能及情感等出于人之性情的自然要素是不需要学习的,顺之即可。但这些要素应该受到节制,否则就会导致纷争。而节制就需要学习,这对于性情来说是逆向而行、勉强之举,只有人才能做到,这也是人区别且尊贵于其他动物的根本特征。

(3)将智慧及思辨能力也视为人区别于其他动物的根本特征,又把思辨能力的强弱当作区别君子乃至圣人和小人的标准。正是由于有此区别,长于思辨者和拙于思辨者才可能产生教学关系。

第二部分　课后习题详解

1.康有为的托古改制说是如何形成的,其中对"古"的描述是否符合历史事实?

答:围绕着变法维新的现实诉求,康有为建构起了自己的融政治哲学、历史哲学和教育哲学于一体的思想体系,其中的核心观念和逻辑既取于传统儒家经学,又吸收了他所接触的进化论等西学的相关因素,而其形成也有一个过程。

(1)光绪十二年(1886),他撰写了《教学通义》,此时康有为是以经世济用的立场来解读儒家经典的,而且也认同《春秋》公羊学的托古改制思想,所以既主张"师古",又强调"善言古者,必切于今"(《教学通义》卷首),但他还没有据以形成较为清晰、完整的思想体系。

(2)光绪十七年(1891),康有为的《新学伪经考》初刻本刊行,从中不难看出他对廖平学说的吸收和发挥,而与其此前的相关主张有了明显的差别。《新学伪经考》就是为揭露刘歆作伪事迹、廓清千年迷雾、彰显孔子之道而作的。

(3)康有为彰显的孔子之道,亦即孔子的托古改制思想,在《孔子改制考》中有更系统的论述。他编撰《孔子改制考》正是要证明孔子就是一位历史上真正的托古改制的圣人和教主,从而为当下的变法维新提供理论依据。在康有为看来,中国上古的历史原本文献无征、蒙昧无考,后人关于上古的历史知识都是先秦诸子托古改制的杜撰。

2.康有为的大同说的基本逻辑与主要内容是什么?

答:康有为大同说的基本逻辑是将《春秋》公羊学的三世说和《礼记·礼运》的大同说结合起来,并据以解说历史发展。认为若要进入太平世,亦即大同时代,就应维新变法。

"大同"是《礼记·礼运》借孔子之口所描述的理想社会,其中人人各安其分,和睦相处,举用贤能,友爱互助,无诡诈、纷争,其基本特征是"天下为公";与之相对的是“小康”,其中以礼仪制度来维系君臣、父子、兄弟、夫妇等人际关系,尊重勇智之人、功劳之事,功过、赏罚分明,诡诈、纷争也由此而起,其基本特征是“天下为家”。

主要内容为:(1)吸收了佛教的一些基本义理,还有基督教等西方的学术和文化资源,比如掺杂了进化论的以宗教作为历史与文明动因的思想,启蒙运动以来的自由、平等、博爱、人权等现代价值观,甚至还有社会主义及共产主义思想。(2)强调“进化之理,有一定之轨道,不能超度”,否则“必生其害”(《中庸注》,1901),表明其对暴力革命的反对态度。(3)肯定了在近代资本主义制度下,欧美国家的农、工、商等实业及教育事业都取得了巨大发展。

3. 如何看待康有为把孔子及儒家学说理解为“人道之教”?

答:在《孔子改制考》等著述中,康有为一再提到“儒教”或“孔子之教”,认为作为人道宗教的儒教或孔教比神道宗教更符合历史发展的趋势,也更具有现代意义。他从宗教的角度来看待孔子及儒家之学或可商榷,但以“人道”为孔学或儒学之主体内容,无疑是深具哲学意义的卓识,因为其中涉及中国哲学的一个基本问题,亦即天人关系的讨论。康有为认为“气”或“元气”是包括人在内的天地万物的本原,因而“物我一体,无彼此之界;天人同气,无内外之分”。其中既有对中国传统气本论或元气论的继承,又有对西方的自然哲学思想的吸纳。

第三部分　典型习题详解

选择题

康有为是中国近代哲学的代表人物。下列相关说法不正确的是(　　)。

A. 康有为认为儒学或孔学是古代中国的宗教,孔子是儒教的教主

B. 康有为吸收了儒学、佛教义理以及西方基督教、启蒙主义思想等,杂糅形成有现实意义的历史哲学和政治哲学

C.《新学伪经考》《孔子改制考》《大同书》《仁学》是康有为的代表作

D. 康有为认为中国历史是不断从质朴向文明转变,不断趋向更高文明的进程

【解析】《仁学》为谭嗣同的代表作,非康有为所著。

【答案】C

第三十五章　谭嗣同的哲学

第一部分　考点归纳

谭嗣同(1865—1898)，字复生。中日甲午战争后，他投身启迪民智和革新救国事业。戊戌变法期间，他积极参与新政；后与林旭、杨锐、刘光第、杨深秀、康广仁等被杀害于菜市口刑场，史称“戊戌六君子”。谭嗣同著有《仁学》及多种诗集、文集，后人辑有《谭嗣同全集》。

一、仁学要义 ★★

1.“仁学”与“以太”

谭嗣同的仁学首先从传统儒家思想生发而来。在孔子的哲学体系中，“仁”是最高的道德标准，谭嗣同强调“仁以通为第一义”并引用了西方自然科学里假设的一个物质概念“以太”，将其改造为具有本体论意义的一个范畴，用以取代他先前认同的中国古代哲学里的“气”，来解释天地万物得以关联相通的统一性。

2.“通”的四个层面

在谭嗣同看来，“通”有四个层面的义理，即“中外通”“上下通”“男女内外通”“人我通”。“中外通”，即消除国家之间的界限。“上下通”和“男女内外通”，即突破阶层、男女、宗族等界限。“人我通”，即消解自我与他人之间的界限。

3.“平等”

谭嗣同指出，“通”体现为“平等”，“平等”的前提则是“破对待”。就人而言，一般都是乐生恶死、喜有厌无，所以人最难破除的就是对生死、有无的执念。

二、历史与文化批判 ★★

1. 对“君统”的批判

在中国古代,“唯天为大”(《论语·泰伯》),皇帝被认为是得“天命”的“天子”,其对臣民的统治也被认为具有不容置疑的神圣性。谭嗣同则认为:既然君主是由民众推举出来的,这就意味着先有民众,后有君主,“君末也,民本也”。

2. 对传统名教思想的批判

“名”即名称或概念,其实只是人的制作,也就是说,“名”的能指与所指都是约定俗成或权势建构的结果,所以“名”本身并无实体性,也容易被混淆。谭嗣同认为,名教乱“仁”的具体体现,就是三纲五常等观念被当成了“孔教之精诣”。名教乱“仁”的直接原因,则是统治者试图以各种“名”来愚弄民众、钳制人心,使得包括“仁”在内的纲常观念成为以上制下的工具。

3. 性善论主张

基于对“仁”的本体论理解,谭嗣同也持性善论主张。在他看来,人性之“善”意味着人的情欲遵循了“条理”,“恶”只是“即其不循善之条理而名之”,所以“无所谓恶也”,这显然是对宋代以来的许多儒者以“天理”与“人欲”不两立乃至主张“存天理,灭人欲”的批判。

4. “通”的思想

谭嗣同既以“通”为“仁”之第一义,又特别主张“中外通”,所以他极力主张对外开放、互通有无。他认为除了“通商”之外,还应“通学”“通政”“通教”(《仁学》四)。只有“中外通”,世界才能走向“远近大小若一”的“太平世”。谭嗣同特别强调,中外互通应以平等互利为前提。

第二部分　课后习题详解

1. 谭嗣同的仁学的内在逻辑与基本要义是什么,它与孔子及儒家的仁学有何异同?

答:谭嗣同的仁学试图融中学与西学、宗教与科学、唯物与唯心于一体,但其首先还是从传统儒家思想生发而来的。在传统儒家的语境里,“仁”是一个核心的概念,而其意义内涵则是不断被拓展的。在孔子的哲学体系中,“仁”是最高的道德标准。谭嗣同正是接续了这个传统，强调“仁以通为第一义”并引用了西方自然科学里假设的一个物质概念“以太”，将其改造为具有本体论意义的一个范畴，用以取代他先前认同的中国古代哲学里的“气”，来解释天地万物得以关联相通的统一性。谭嗣同认为，佛教基于人的慈悲之心，倡导“救人之外无事功，即度众生之外无佛法”，如此自利利他、自度度人，与儒家基于仁爱之心而通于天地万物的思路也具有一致性。

2. 如何看待谭嗣同对中国历史与文化的批判？

答：谭嗣同所著《仁学》有大量批判历史与文化、力主变法与革新的论述，这些极具启蒙精神的论述的实际影响力其实更大，也可以视为其仁学思想体系的重要组成部分。

谭嗣同的批判首先指向在中国延续了两千多年的皇权政治和君主专制及其学术渊源。谭嗣同认为：既然君主是由民众推举出来的，这就意味着先有民众，后有君主，“君末也，民本也”。

与对皇权政治和君主专制的批判相关，谭嗣同也批判了传统的名教思想。谭嗣同的论著及哲学体系并非完备无缺，比如他对中外学术和国内外民族矛盾的认知及批判就不无偏颇之处，但其中所充溢的启蒙精神却有着永恒意义，对已露端倪的革命思潮和运动也产生了直接而又深刻的影响。

第三部分 典型习题详解

选择题

关于谭嗣同的仁学思想，下列说法不正确的是（　　）。

A. “通”体现为人和人之间的平等，平等的前提是破除人我之间的对立

B. “以太”是天地万物的本源，是万事万物“通”的基础

C. “以太”的物质性决定了人性本恶

D. 仁以“通”为第一义

【解析】谭嗣同用“以太”取代中国古代哲学里的“气”，并未将“以太”与人性善恶直接联系，故 C 项说法不正确。

【答案】C

第三十六章　梁启超的哲学

第一部分　考点归纳

梁启超(1873—1929),字卓如,号任公,又号饮冰室主人,是与康有为齐名的变法维新运动的干将乃至领袖。此后,他先后参与创办或主笔《万国公报》《时务报》《广时务报》,大力宣扬维新变法。戊戌政变后,他流亡日本,发表了大量的时政和学术论著。辛亥革命后,梁启超回国,曾任教于南开大学、清华大学,又曾任北京图书馆馆长。梁启超有近两千万字的多种著作,后人编为《梁启超全集》。

一、变法论 ★★

1.“变法论”的提出

在维新变法运动期间,梁启超撰写了由一系列政论文章组成的《变法通议》,引发了社会各界的关注和热议。这些文章全面、系统地阐发了他关于变法维新的政治主张,其中不乏哲理性的思考,对于理解他当时的哲学思想及其后来的变迁都很有参考意义。

2.主动变法的思想

梁启超认为,变法维新首先也属于变化,而变化是天地万物固有的普遍现象,与是否有人的作用无关。面对天道自然之变化,人不应听其流变,而是该积极促成其向有利而非不利的方向发展,这才是明智的态度。

3.变法的本原——开启民智

按梁启超的看法,事物同出于本原,知此本原,才能抓住纲领和枢纽,从而立于不败之地，否则即会陷入纷乱境地，措施虽多却难收成效。据此维新派很快达成共识：变法的最终成功必须通过改变官制来落实，而其根本途径则在于通过变革科举和开办学校来培养人才。虽然梁启超的许多变法主张由于戊戌政变而落空，但其关于改革教育、兴办学校、培养人才的倡议却在事实上得到了社会各界的认同并得以落实。

二、新民说 ★★★

1.“新民”

“新民”是儒家经典中的一个非常古老的重要概念，其核心内涵是对人的思想进行革新和加强道德修养，尤其要重视人的主体能动性作用。梁启超认为：“新民”的关键在于国民的自我革新，强调国民应当保护、磨砺、淬炼国家独有的道德法律、风俗习惯、文学艺术等方面的精神和特质，同时考察和吸收其他国族的自立之道。

2.“新民”三大要素

在梁启超看来，中国传统道德哲学中至少有三个相互关联的具有超越性和永恒性的要素，可为“新民”所用而不可摒弃。

第一是“正本”：这里的“本”就是作为道德本体的“良心之自由”，人只有自觉顺应“良知”或“良心之自由”的指引，才是一个真正的道德主体。

第二是“慎独”：这是《大学》《中庸》以来的儒家心性论传统中的一个重要概念，通常被视为“致良知”的具体实践工夫。

第三是“谨小”：普通人大多自制力不够强，难免随波逐流，积少成多，乃至“是并康德所谓良心之自由而放弃之也”。

3.“民气”

据梁启超的考察，养成了公私道德的新的国家公民，也就具备了国家思想、政治能力、进取冒险精神、权利思想、义务思想、自由精神、自治能力、自尊思想、合群思想、生利分利能力（即经济能力）、毅力、尚武精神等素质。国家若有了越来越多这样的新国民，“对于国家之尊荣及公众之权利，为严重之保障，常凛然有介胄不可犯之色”，这就是“民气”。

三、历史哲学★★

1.“新史学”

梁启超吸收了大量世界范围内的史学及相关理论，批判了中国的传统史学，并提出了自己的“新史学”主张。他以“君史”与“民史”来分别概括中西史学，虽然并非完备之论，但至少也抓住了其中的一处关键差别，尤其是指出了中国传统史学的一个重要特色。

2.“君史”的根源

(1)“知有朝廷而不知有国家。”史家史著只是“以为天下者君主一人之天下，故其为史也，不过叙某朝以何而得之，以何而治之，以何而失之而已，舍此则非所闻也”。读者若只读到这样的史著，当然难以产生真正的国家思想。

(2)“知有个人而不知有群体。”梁启超在此流露出了英雄史观的倾向，在他看来，善为史者应当以包括英雄在内的人物作为历史的材料和时代的代表，而不是反过来让历史成为人物的画像、让时代成为人物的附属。

(3)“知有陈迹而不知有今务。”西方史家史著多抑古扬今，时代越近的历史记述越详；中国则不然，“非鼎革之后，则一朝之史不能出现”，这势必导致民气学风的日益腐败。

(4)“知有事实而不知有理想。”历史的理想也可以说是历史的精神，即人群关系、时代变迁的规律和原因等。史家史著应该通过对具体事实的记述和考辨揭示这些规律和原因，否则历史就成了“非益民智之具，而耗民智之具也”。

3.进化论

进化论是梁启超的史学乃至整体思想和学术的基本内核。他认为进化是人类所能认知的所有自然和社会现象的公理和通例，历史当然也不例外。史学研究既要有客体，即过去现在之史料；又要有主体，即作史者和读史者心怀之哲理。

第二部分　课后习题详解

1.如何看待梁启超对“变法之本”的论述？

答：按梁启超的看法，事物同出于本原，知此本原，才能抓住纲领和枢纽，从而立于不败之地，否则即会陷入纷乱境地，措施虽多却难收成效。据此维新派很快达成共识：变法的最终成功必须通过改变官制来落实，而其根本途径则在于通过变革科举和开办学校来培养人才。他认为人的心智起到了越来越大的作用，那么对于心智的启迪也就有了非同寻常的意义，即开启民智，而开启民智正是需要通过教育来实现的。虽然梁启超的许多变法主张由于戊戌政变而落空，但其关于改革教育、兴办学校、培养人才的倡议却在事实上得到了社会各界的认同并得以落实。

2. 梁启超“新民说”的主要内容和目的是什么，与传统儒家的“新民”思想有何异同？

答：戊戌变法失败后，流亡海外的梁启超仍然心系开启民智及国民教育事业，但他也逐渐意识到，自上而下的维新运动实有欠缺，将变法图强的希望寄托于光绪皇帝一人更不现实，只有唤醒民众，提升民众的文明程度，国家的富强才有坚实的基础。“新民”是儒家经典中的一个非常古老的重要概念，其核心内涵是对人的思想进行革新和加强道德修养，尤其要重视人的主体能动性作用。梁启超认同这个传统，同时他认为：“新民”的关键在于国民的自我革新，但这并不是让国民尽弃所有而肓从他人，而是强调国民应当保护、磨砺、淬炼国家独有的道德法律、风俗习惯、文学艺术等方面的精神和特质，使其永葆生命的活力。另外要考察和吸收其他国族的自立之道。这两个方面必须齐头并进、相辅相成，才能培养和造就新国民。

3. 梁启超为什么要提出“新史学”，其主要的中外学术渊源是什么？

答：戊戌变法失败后，梁启超对中国通史和各种专门史做了更加精深的研究，并吸收了大量世界范围内的史学及相关理论，批判中国的传统史学，提出了自己的“新史学”主张。他认为中国古代史学看似发达，却未能如西方史学那样对国民产生切实的助益，因而“史界革命”势在必行，他的“新史学”也正是对此而发。

梁启超对包括中国史在内的历史本身的看法，吸收了进化论的因素，其对进化论及其与史学研究的关系的看法，与严复颇为相似。事实上，梁启超及其师康有为在戊戌变法前夕就已读到了严复的《天演论》译稿，并对其表示高度的认同，同时梁还沿袭了晚清公羊学者用《春秋》三世说来解释社会历史发展乃至提倡变法维新的思路，形成了“新史学”的中外学术渊源。

第三部分　典型习题详解

填空题

1. 梁启超在________中将道德分为两个范畴，即________和________。前者指的是那些促进群体凝聚力的道德价值观，后者指有助于个人道德完善的道德价值观。

2. ________是梁启超的史学乃至整体思想和学术的基本内核。

【答案】1.《新民说》　公德　私德　2. 进化论

第三十七章　章太炎的哲学

第一部分　考点归纳

章太炎(1869—1936),本名炳麟,号太炎,中日甲午战后,他认同维新变法。八国联军侵华,他对清政府及保皇派不再抱有希望,剪去辫发以明志,坚定地走上革命道路。章太炎著述颇丰,包括大量的政论及《訄书》《国故论衡》《菿汉微言》《齐物论释》《文始》等专著和文集,被后人编为《章太炎全集》,另有学生整理的多种讲演集流行于世。

一、革命论 ★

1."订孔"

由于革命实践及政治哲学的需要,早年章太炎的思想在逐渐远离改良而趋向革命的过程中,曾流露出明显的"尊荀"和相应的"订孔"倾向。章太炎看似"订孔",实为"批康";与此相关,他的"尊荀",也是为了批驳康有为的私淑弟子谭嗣同在《仁学》中把荀学视为皇权政治和君主专制之粉饰的观点。因此"订孔"其实是为宣扬反清革命、驳斥以康有为为代表的改良派的君主立宪主张服务的。

2.忧患意识

章太炎对社会进化及革命前途并非一味乐观。他的革命主张基本上未出孙中山的三民主义的范畴。但就具体内容而言,除了民族主义基本一致之外,民权主义和民生主义则显然有别,相较而言,章太炎对革命之后的各方面建设事业表现出了比孙中山更多的忧患意识。在章太炎看来,既然善恶苦乐之并存不会随着社会的进化及革命的成功而消失,那就只能用道德来推动和引导其中善和乐的因素的发展和增长。

二、无神论 ★

章太炎早年主要把中国古代的自然科学与西方的自然科学及进化论相结合,来申明其无神论。他否定了作为包括人在内的天地万物之主宰的“上帝”“鬼神”之类的存在,这就从根本上动摇了作为皇权政治之理论基础的“天命”。他的无神论是为其革命思想和实践服务的。

章太炎虽然反对各种有神论以及相关的宗教信仰,但并没有否定宗教本身。按章太炎的思路,无神论和宗教都应存在,这个宗教便是佛教。因为佛教尤其是唯识学以为一切都是人的心识变现,不承认也不需要有实在的神灵。

三、认识论 ★★

1. 总纲

章太炎认为人的知识首先都要经得起经验的推敲,如果人的感性经验不足以判断其真假,那就还要经过理性思辨的进一步检验。这可以说是他的认识论的总纲。

2. 对历史研究的认识

历史研究一定要以充分的史料为依据,但若遇到关于同一对象的截然不同的史料,那就犹如诉讼双方各执一词,其中必有真伪之别。

3. 对“致良知”之说的批判

章太炎认为所谓“致良知”是一个自相矛盾的说法:王阳明把“良知”视为先验之物,但这样的“良知”不可言“致”,因为可“致”之“良知”即非先验之物了。在这里也流露出了其认识论的经验论倾向。

4. 概念(即“名”)形成的五个阶段

章太炎认为概念的形成经历了五个阶段:一是“作意”,即意识的兴起;二是“触”,即感官与意识的内外境相接触;三是“受”,即领受内外境所给予的现象,形成感觉;四是“想”,即整理感觉印象,形成知觉;五是“思”,即运用思维,形成概念。这就是把认识看成来源于经验,并视为从感性认识上升到理性认识的过程。

第二部分　课后习题详解

1.章太炎的革命论的主要内容及理论来源是什么?

答:由于革命实践及政治哲学的需要,早年章太炎的思想在逐渐远离改良而趋向革命的过程中流露出明显的"尊荀"和相应的"订孔"倾向。章太炎的"订孔",其实是为宣扬反清革命、驳斥以康有为为代表的改良派的君主立宪主张服务的。章太炎认为,民众的智慧包括民主共和的观念会在革命斗争中得到开发和生长,经过革命斗争锻炼的民众完全有能力除旧布新,造就一个各方面更胜于前的新国家,包括树立起新思想和新风尚。为了防范和纠正革命之后的民主共和可能产生的问题,章太炎给出了四条建议:"一曰均配土田,使耕者不为佃奴;二曰官立工场,使佣人得分赢利;三曰限制相续,使富厚不传子孙;四曰共散议员,使政党不敢纳贿。"前三者关乎民生,第四条涉及民权。章太炎的革命主张基本上未出孙中山的三民主义的范畴,但就具体内容而言,除了民族主义基本一致之外,民权主义和民生主义则显然有别,相较而言,章太炎对革命之后的各方面建设事业表现出了比孙中山更多的忧患意识。在章太炎看来,既然善恶苦乐之并存不会随着社会的进化及革命的成功而消失,那就只能用道德来推动和引导其中善和乐的因素的发展和增长。

从以上可以看出,章太炎革命思想的理论受到儒家思想、进化论思想、西方哲学思想、佛教唯识学等的影响。

2.章太炎是如何论证他的无神论的?

答:章太炎早年主要把中国古代的自然科学与西方的自然科学及进化论相结合,来申明其无神论。(1)章太炎结合中国古代的天文学与西方的天文学指出北极星并非静止不动,撼动了"帝星"的说法。(2)引用《庄子·庚桑楚》对于"宇宙"的界定,证明所谓上帝造人之类的有神论只是神道设教之说。(3)借用西方自然科学中的细菌学说,指出从无生物发展出细菌,再发展到人乃至更高级的存在物,是一个自然进化的过程。通过以上论述,章否定了作为包括人在内的天地万物之主宰的"上帝""鬼神"之类的存在,从根本上动摇了作为皇权政治之理论基础的"天命",同时体现了革命派人士对于西方文化侵略的反抗意识。

3. 章太炎的认识论与其革命思想和实践有何关联?

答:章太炎认为人的知识首先都要经得起经验的推敲,如果人的感性经验不足以判断其真假,那就还要经过理性思辨的进一步检验。这可以说是他的认识论的总纲。他认为历史研究一定要以充分的史料为依据,但若遇到关于同一对象的截然不同的史料,那就犹如诉讼双方各执一词,其中必有真伪之别。在章太炎看来,只要参引古史,就当如古之良史那样"一言一事,必求其征",他的认识论其实也成了支持其革命思想和实践的有力武器。

第三部分　典型习题详解

填空题

1. 章太炎一生著述宏富,几乎涉及传统学术的各个方面,其中表现其哲学思想的著作主要有《訄书》《国故论衡》《菿汉微言》《________》《________》等。

2. 章太炎认为概念的形成经历了五个阶段:作意→触→受→________→________。

【答案】1. 齐物论释　文始　2. 想　思

第三十八章　孙中山的哲学

第一部分　考点归纳

孙中山(1866—1925)，名文，字载之，号逸仙。1894年年底在檀香山创建兴中会。1905年，在日本东京发起成立同盟会，并被推举为总理。辛亥革命后，被推举为中华民国临时大总统，推动颁布《中华民国临时约法》。孙中山的著述被后人编为《孙中山全集》。

一、民生与进化 ★★

1. 旧三民主义

孙中山的革命思想纲领就是他所倡导的由民族主义、民权主义、民生主义构成的三民主义。同盟会宣言中的口号“驱除鞑虏，恢复中华，建立民国，平均地权”被认为是旧三民主义的集中表述。

2. 新三民主义

与旧三民主义相比，新三民主义中：

(1)民族主义用“中国民族自求解放”“中国境内各民族一律平等”的主张取代了“驱除鞑虏，恢复中华”，消除了排满的大汉族主义倾向，凸显了国内各民族平等、团结和对外争取国家独立、国际平等的内容。

(2)民权主义更具体地明确了直接和间接的民权，以及五权(立法、司法、行政、考试、监察)分立的宪法原则。

(3)民生主义更全面地阐发了通过“平均地权”“节制资本”来发展生产，以满足人民的衣食住行等各方面需要。

在三民主义中,民生主义尤具特色,也是孙中山革命生涯中始终特别看重的颇具哲理性的基本思想。

3. 民生史观

孙中山提出了一种以民生为中心的历史哲学。出于对民生的重视,孙中山意识到了民众基于生命与生活的需求而生发出的巨大力量,认为这是社会历史发展的根本动力,进而对梁启超那样过分突出英雄、天才等杰出人物作用的英雄史观或天才史观颇不以为然。一方面,他充分肯定民众心理对于社会历史发展的推动甚至是决定作用;另一方面,孙中山也承认杰出人物在社会历史发展过程中所起的重要作用。

二、以太与生元 ★★

1. 以太

孙中山试图借用或吸收西方的自然科学知识,赋予中国传统哲学的某些基本概念以新的含义。他用"太极"来翻译西方自然科学里假设的一个本原性的物质概念"以太",并据以解说世界的起源及实质。

2. 生元

按孙中山的说法,"生元"也就是细胞,是包括人在内的所有生物的原质和始基。他把"生元"视为具有精神属性和能动力量之物,也就是把人的身体结构和心智能力都看成是"生元"的构造和作用。

3. 对"以太与生元"思想的理解

孙中山关于"以太"及"生元"的论述,多少流露出了一定的神秘主义或唯心论意味。如果说孙中山在他的宇宙论及本体论思想中更重视的是精神而非物质,那么主要还是由于他首先着眼于社会现实的需要,即为了唤醒具有革命理想和实践能力的广大民众,激发民众的革命能动性。

三、行易知难说 ★★

1. 提出背景

辛亥革命之后,中华民国建立,虽然推翻了君主专制,但没有从根本上改变中国的积贫积弱状态,而且不断发生军阀纷争等新的问题,孙中山曾经的一些同志对于革命的宗旨、方略乃至中国的现状及未来的看法也时有分歧。作为革命的先驱者和民国的缔造者的孙中山，对此进行了系统、深入的思考，认为革命最终成败与国家建设前途的关键系于人心。

2.《建国方略》

孙中山的《建国方略》共分三部分，第一部分就是题为“行易知难”的“心理建设”，他又称之为“孙文学说”，可见他对此极为重视；后面两部分则是“实业计划”和“民权初步”，亦即“物质建设”和“社会建设”。其中的“行易知难”说蕴涵了孙中山的认识论，也是其哲学思想最重要的内容。

3.“行易知难”

知行问题是革命党人及国家心理建设的基础，因此孙中山提出了“行易知难”的主张。“行易知难”首先意味着“行”比“知”更具优先性，其次意味着“知”固然难得，但一旦有“知”，“行”则易成，这就是他所谓的“能知必能行”。“能知必能行”以及“知而后行”之“知”，都是指科学之“知”，否则是不能保证“行”的效果的，所以孙中山也强调，只要掌握了充分的科学知识，并据以制定合理的方案和策略，无论事物如何精妙、工程如何浩大，都能获得最后的成功。

第二部分　课后习题详解

1.孙中山的民生史观与唯物史观有何异同?

答:出于对民生的重视，孙中山意识到了民众基于生命与生活的需求而生发出的巨大力量，认为这是社会历史发展的根本动力。孙中山的这些观点与历史唯物主义的观点颇为近似，马克思、恩格斯都强调人们为了创造历史，必须能够生活，因此人们的第一个历史活动就是生产满足这些需要的资料。当然，孙中山的观点与历史唯物主义是有着本质区别的，民生史观基本内容的主要缺陷在于孙中山抛开人的社会性和社会历史的发展而抽象地去理解所谓社会问题即民生问题。与此相关，虽然孙中山承认民生主义与社会主义具有一致性，但他不认同把阶级斗争当成社会历史进化的原因。而马克思主义唯物史观把阶级斗争作为“因”，社会进化作为“果”，是一种“倒果为因”的理论。孙中山的主观愿望是善良的，希望全国人民都能有饭吃、有衣穿，但是他离开了生产资料归谁掌握的问题，离开了阶级斗争与专政的问题去考察历史发展的“原动力”，最终是同马克思主义的唯物史观背道而驰的。

2. 如何理解孙中山的“以太”论和“生元”说的内涵及其相互关系？

答：(1)孙中山用“太极”来翻译西方自然科学里假设的一个本原性的物质概念“以太”，并据以解说世界的起源及实质。

(2)按孙中山的说法，“生元”也就是细胞，是包括人在内的所有生物的原质和始基。他把“生元”视为具有精神属性和能动力量之物，也就是把人的身体结构和心智能力都看成是“生元”的构造和作用。

(3)孙中山关于“以太”及“生元”的论述，其中有一定的矛盾之处，多少流露出了一定的神秘主义或唯心论意味。如果说孙中山在他的宇宙论及本体论思想中更重视的是精神而非物质，那么主要还是由于他首先着眼于社会现实的需要，即为了唤醒具有革命理想和实践能力的广大民众，激发民众的革命能动性。这一点在他的认识论中体现得更为明显。

3. 如何看待“行易知难”说的内涵及其在孙中山的《建国方略》中的地位？

答：孙中山的《建国方略》共分三部分，第一部分就是题为“行易知难”的“心理建设”，他又称之为“孙文学说”，可见他对此极为重视。按孙中山的看法，知行问题是革命党人及国家心理建设的基础，因此提出了“行易知难”的主张。“行易知难”首先意味着“行”比“知”更具优先性，凡事必须有大量“行”的经验，才会有科学的“知”。其次，“知”固然难得，但一旦有“知”，“行”则易成，这就是他所谓的“能知必能行”。“能知必能行”以及“知而后行”之“知”，都是指科学之“知”，否则是不能保证“行”的效果的，所以孙中山也强调，只要掌握了充分的科学知识，并据以制定合理的方案和策略，无论事物如何精妙、工程如何浩大，都能获得最后的成功。孙中山据此建立起来的认识论乃至《建国方略》是自成体系并有巨大的现实意义的，为他的革命理论和革命实践奠定了思想基础，在当时有力地推动了资产阶级革命实践和思想进步。

第三部分　典型习题详解

一、填空题

1. 在《建国方略·孙文学说》中，孙中山根据进化论原理，从人类进化的角度把历史分为三个时期：其一为不知而行，其二为行而后知，其三为________。

2. 在《孙文学说》中，孙中山根据进化论原理，把宇宙的发展划分为三个阶段：其一为物质进化之时期，其二为物种进化之时期，其三为________。

【答案】1. 知而后行　2. 人类进化之时期

二、简答题

1. 简述孙中山的进化论思想。

答：孙中山对中国乃至人类社会的未来始终充满信心，所以在遭遇困境之时一直矢志不渝，这与他的进化史观密切相关。他极其赞同达尔文的《物种起源》，承认包括人类社会在内的宇宙万物都是进化发展的产物，并把进化过程分为物质进化、物种进化、人类进化三个时期。其中的物质进化形成了地球，物种进化产生了人类，人类进化则以“大同”或“太平”之世为终极目的。但他特别强调，所谓“物竞天择，适者生存，不适者淘汰”其实只是物种进化时期的原则，不适用于另外两个时期，尤其是人类进化原则更与物种进化原则不同：“……物种以竞争为原则，人类则以互助为原则。”孙中山的这个观点，凸显了作为道德主体的人类不同于其他物种的基本特征，对于认识进化论与社会历史颇具启示意义。

2. 孙中山“民生史观”的具体内容是什么？它有哪些合理性和局限性？

答：(1)“民生”的定义

孙中山明确指出，“民生就是人民的生活、社会的生存、国民的生计、群众的生命”。他认为，民生不仅包括社会经济生活，还包括人类求生存的愿望和要求。

(2)“民生史观”具体内容

出于对民生的重视，孙中山意识到了民众基于生命与生活的需求而生发出的巨大力量，认为这是社会历史发展的根本动力，进而对梁启超那样过分突出英雄、天才等杰出人物作用的英雄史观或天才史观颇不以为然。一方面，他充分肯定民众心理对于社会历史发展的推动甚至是决定作用；另一方面，孙中山也承认杰出人物在社会历史发展过程中所起的重要作用。民生史观在当时的中国，要解决的是四万万人的温饱问题。对此，孙中山提出的解决途径是通过“平均地权”“节制资本”来发展生产，以满足人民的衣食住行等各方面需要。

(3)合理性

①尝试通过社会经济生活来寻找历史发展的根本动因。

②重视人民群众的基本生活,主张为中国人民谋求幸福,并且希望建设一个民主、文明的现代中国。

③继承和发展了中国古代“天下为公”的思想。

④受到近代马克思主义唯物史观的影响,在中国历史、哲学的发展上都有重要突破。

(4)局限性

①“民生”概念范畴缺乏具体的社会历史内容,过分强调人类求生存的本性和欲望,没有看到最终决定社会发展的是生产方式。

②认为阶级斗争的解决方法是以“互助原则”代替“竞争原则”,从根本上否定了在当时中国进行暴力革命和阶级斗争的必要性。

③根据人的天赋能力把人分为“不知不觉”“后知后觉”“先知先觉”三种,认为能够唤醒民众的要么是先知先觉的“发明家”,要么是后知后觉的“鼓动家”,而能被唤醒的民众则是不知不觉的“实行家”。这里对三类人的区分略显机械,忽略了人民群众的主观能动性。

图书在版编目(CIP)数据

中国哲学史题解/张笛主编. --2 版. --北京:中国传媒大学出版社,2024.12.

(文史哲素养提升系列丛书).

ISBN 978-7-5657-3839-5

Ⅰ.G634

中国国家版本馆 CIP 数据核字第 2024WM8876 号

中国哲学史题解(第二版)

ZHONGGUO ZHEXUESHI TIJIE(DI-ER BAN)

主　　编　张　笛
策划编辑　高卓毓
责任编辑　张　笛　赵　欣
责任印制　李志鹏
封面设计　拓美设计

出版发行　中国传媒大学出版社
社　　址　北京市朝阳区定福庄东街 1 号　　**邮　　编**　100024
电　　话　86-10-65450528　65450532　　**传　　真**　65779405
网　　址　http://cucp.cuc.edu.cn
经　　销　全国新华书店

印　　刷　三河市东方印刷有限公司
开　　本　710mm × 1000mm　1/16
印　　张　13.5
字　　数　250 千字
版　　次　2025 年 1 月第 2 版
印　　次　2025 年 1 月第 1 次印刷

书　　号　ISBN 978-7-5657-3839-5/G · 3839　　**定　　价**　49.00 元